中国古代汉字史话

王 俊 著

中国商业出版社

图书在版编目（CIP）数据

中国古代汉字史话 / 王俊著 . -- 北京：中国商业出版社，2022.1
ISBN 978-7-5208-1889-6

Ⅰ . ①中… Ⅱ . ①王… Ⅲ . ①汉字—古文字—汉语史 Ⅳ . ① H121

中国版本图书馆 CIP 数据核字（2021）第 228383 号

责任编辑：李 飞　蔡 凯

中国商业出版社出版发行
010-63180647　www.c-cbook.com
（100053　北京广安门内报国寺 1 号）
新华书店经销
三河市吉祥印务有限公司印刷

*

710 毫米 ×1000 毫米　16 开　16 印张　172 千字
2022 年 1 月第 1 版　2022 年 1 月第 1 次印刷
定价：40.00 元

* * *

（如有印装质量问题可更换）

《中国传统民俗文化》编委会

主　编　傅璇琮　著名学者，国务院古籍整理出版规划小组原秘书长，清华大学古典文献研究中心主任，中华书局原总编辑
顾　问　蔡尚思　历史学家，中国思想史研究专家
　　　　卢燕新　南开大学文学院教授
　　　　于　娇　泰国辅仁大学教育学博士
　　　　张骁飞　郑州师范学院文学院副教授
　　　　鞠　岩　中国海洋大学新闻与传播学院副教授，中国传统文化研究中心副主任
　　　　王永波　四川省社会科学院文学研究所研究员
　　　　叶　舟　清华大学、北京大学特聘教授
　　　　于春芳　北京第二外国语学院副教授
　　　　杨玲玲　西班牙文化大学文化与教育学博士
编　委　陈鑫海　首都师范大学中文系博士
　　　　李　敏　北京语言大学古汉语古代文学博士
　　　　韩　霞　山东教育基金会理事，作家
　　　　陈　娇　山东大学哲学系讲师
　　　　吴军辉　河北大学历史系讲师
策划及副主编　王　俊

序　言

中国是举世闻名的文明古国，在漫长的历史发展过程中，勤劳智慧的中国人创造了丰富多彩、绚丽多姿的文化。这些经过锤炼和沉淀的古代传统文化，凝聚着华夏各族人民的性格、精神和智慧，是中华民族相互认同的标志和纽带，在人类文化的百花园中摇曳生姿，展现着自己独特的风采，对人类文化的多样性发展做出了巨大贡献。中国传统民俗文化内容广博，风格独特，深深地吸引着世界人民的眼光。

正因如此，我们必须按照中央的要求，加强文化建设。2006年5月，时任浙江省委书记的习近平同志就已提出："文化通过传承为社会进步发挥基础作用，文化会促进或制约经济乃至整个社会的发展。"又说，"文化的力量最终可以转化为物质的力量，文化的软实力最终可以转化为经济的硬实力。"(《浙江文化研究工程成果文库总序》) 2013年他去山东考察时，再次强调：中华民族伟大复兴，需要以中华文化发展繁荣为条件。

正因如此，我们应该对中华民族文化进行广阔、全面的检视。我们应该唤醒我们民族的集体记忆，复兴我们民族的伟大精神，发展和繁荣中华民族的优秀文化，为我们民族在强国之路上阔步前行创设先决条件。实现民族文化的复兴，必须传承中华文化的优秀传统。现代的中国人，特别是年轻人，对传统文化十分感兴趣，蕴含感情。但当下也有人对具体典籍、历史事实不甚了解。比如，中国是书法大国，谈起书法，有些人或许只知道些书法大家如王羲之、柳公权等的名字，知道《兰亭集序》是千古书法珍品，仅此而已。再如，我们都知道中国是闻名于世的瓷器大国，中国的瓷器令西方人叹为观止，中国也因此获得了"瓷器之国"（英语china的另一义即为瓷器）的美誉。然而关于瓷器的由来、形制的演变、纹饰的演化、烧制等瓷器文化的内涵，就知之甚少了。中国还是武术大国，然而国人的武术知识，或许更多来源于一部部精彩的武侠影视作品，对于真正的武术文化，我们也难以窥其堂奥。我国还是崇尚玉文化的国度，我们的祖先发现了这种"温润而有光泽的美石"，并赋予了这种冰冷的自然物鲜活的生命力和文化性格，如"君子当温润如玉"，女子应"冰清玉洁""守身如玉"；"玉有五德"，即"仁""义""智""勇""洁"；等等。今天，熟悉这些玉文化内涵的国人也为数不多了。

也许正有鉴于此，有忧于此，近年来，已有不少有志之士开始了复兴中国传统文化的努力之路，读经热开始风靡海峡两岸，不少孩童以至成人开始重拾经典，在故纸旧书中品味古人的智慧，发现古文化历久弥新的魅力。电视讲坛里一拨又一拨对古文化的讲述，也吸引着数以万计的人，重新审视古文化的价值。现在放在读者面前的这套"中国传统民俗文化"丛书，也是这一努力的又一体现。我们现在确实应注重研究成果的学术价值和应用价值，充分发挥其认识世界、传承文化、创新理论、资政育人的重要作用。

中国的传统文化内容博大，体系庞杂，该如何下手，如何呈现？这套丛书处理得可谓系统性强，别具匠心。编者分别按物质文化、制度文化、精神文化等方面来分门别类地进行组织编写，例如，在物质文化的层面，就有纺织与印染、中国古代酒具、中国古代农具、中国古代青铜器、中国古代钱币、中国古代木雕、中国古代建筑、中国古代砖瓦、中国古代玉器、中国古代陶器、中国古代漆器、中国古代桥梁等；在精神文化的层面，就有中国古代书法、中国古代绘画、中国古代音乐、中国古代艺术、中国古代篆刻、中国古代家训、中国古代戏曲、中国古代版画等；在制度文化的层面，就有中国古代科举、中国古代官制、中国古代教育、中国古代军队、中国古代法律等。

此外，在历史的发展长河中，中国各行各业还涌现出一大批杰出人物，至今闪耀着夺目的光辉，以启迪后人，示范来者。对此，这套丛书也给予了应有的重视，中国古代名将、中国古代名相、中国古代名帝、中国古代文人、中国古代高僧等，就是这方面的体现。

生活在21世纪的我们，或许对古人的生活颇感兴趣，他们的吃穿住用如何，如何过节，如何安排婚丧嫁娶，如何交通出行，孩子如何玩耍等，这些饶有兴趣的内容，这套"中国传统民俗文化"丛书都有所涉猎。如中国古代婚姻、中国古代丧葬、中国古代节日、中国古代民俗、中国古代礼仪、中国古代饮食、中国古代交通、中国古代家具、中国古代玩具等，这些书籍介绍的都是人们颇感兴趣、平时却无从知晓的内容。

在经济生活的层面，这套丛书安排了中国古代农业、中国古代经济、中国古代贸易、中国古代水利、中国古代赋税等内容，足以勾勒出古代人经济生活的主要内容，让今人得以窥见自己祖先的经济生活情状。

在物质遗存方面，这套丛书则选择了中国古镇、中国古代楼阁、中国古代寺庙、中国古代陵墓、中国古塔、中国古代战场、中国古村落、中国古代宫殿、中国古代城墙等内容。相信读罢这些书，喜欢中国古代物质遗存的读者，已经能掌握这一领域的大多数知识了。

除了上述内容外，其实还有很多难以归类却饶有兴趣的内容，如中国古代乞丐这样的社会史内容，也许有助于我们深入了解这些古代社会底层民众的真实生活情状，走出武侠小说家加诸他们身上的虚幻的丐帮色彩，还原他们的本来面目，加深我们对历史真实性的了解。继承和发扬中华民族几千年创造的优秀文化和民族精神是我们责无旁贷的历史责任。

不难看出，单就内容所涵盖的范围广度来说，有物质遗产，有非物质遗产，还有国粹。这套丛书无疑当得起"中国传统文化的百科全书"的美誉。这套丛书还邀约大批相关的专家、教授参与并指导了稿件的编写工作。应当指出的是，这套丛书在写作过程中，既钩稽、爬梳大量古代文化文献典籍，又参照近人与今人的研究成果，将宏观把握与微观考察相结合。在论述、阐释中，既注意重点突出，又着重于论证层次清晰，从多角度、多层面对文化现象与发展加以考察。这套丛书的出版，有助于我们走进古人的世界，了解他们的生活，去回望我们来时的路。学史使人明智，历史的回眸，有助于我们汲取古人的智慧，借历史的明灯，照亮未来的路，为我们中华民族的伟大崛起添砖加瓦。

是为序。

傅璇琮

2014 年 2 月 8 日

前　言

　　汉字是一部中国文化史，也是一部民族精神史。汉字是汉语的记录符号，是记录和传承文化和文明的标志之一，由汉字组成的语言是人与人交流的工具。汉字属于中国特有表意文字的词素音节文字。汉字是一种生生不息、历久弥新的文字，是中华民族的瑰宝，是先人智慧的结晶。汉字反映了中国古代的生存环境、地理风貌、历史延革、山川河流、情感生活、风俗习惯、车马道路、精神生活、艺术审美、信仰追求、动物植物等。汉字有字义之美，字容之美，艺术之美，是世界上最古老的文字之一，已有6 000多年的历史，是几千年来唯一到现在一直仍然使用的文字。在形体上逐渐由图形变为笔画，象形变为象征，复杂变为简单；在造字原则上从表形、表意到形声，到假借。现代汉字即从甲骨文、金文、籀文、小篆，至隶书、草书、楷书、行书等演变而来。汉字为汉民族先民发明创制并改进，是维系华夏汉族各地方言不可或缺的纽带。现存最早的汉字是约公元前2 300年殷商的甲骨文和稍后的金文，西周时演变成籀文，再到秦朝的小篆和隶书，至汉魏隶书盛行，到了汉末隶书楷化为正楷。楷书盛行于魏晋南北朝，至今通行。汉字是迄今为止持续使用时间最长的文字，也是上古时期各大文字体系中唯一传承至今者，中国历代皆以汉字为主要的官方文字。其创造、产生、书法、演化、统一、规范等经历了漫长而复杂的历史过程，推动了中国的文化发展，对研究中国文化及世界文化的发展具有深远的意义。

　　相传，仓颉造字之后，"天雨粟，鬼神泣"，天地鬼神皆因之而动摇。这个关于汉字来源的传说，就像女娲造人一样，似乎都因某一人或某一神而产生。事实上，随着近现代各种与汉字有关文物的出土，汉字的发展轨迹已逐步向人们展露了出来。

　　汉字作为一种自源性文字，我们的原始先民在生产生活中逐渐创造了它，它也与时俱进地蜕变着自己，不断地适应社会的发展，陪伴华夏儿女来到今天，仍旧充满生命活力。它是汉语的载体，是汉文化的载体，它容纳、记录了汉民族数千年的发展历程。就像基因有生物的产生和进化过程的痕迹一样，中国古代汉字也记录了中华民族的发展历程，并在目前使用的汉字中留有痕迹。它书写了中国历史，承载着光辉灿烂的中华文化，加强了中华各民族的凝聚力，维系和推动中华文明的不断发展。

中国古代汉字，记录了我们科学、技术和精神文化历史，它帮助远古的人们生产生活、发展教育事业、展开科学探究、开悟思想之花，让今天的我们能够跟随它的脚步追根溯源，寻找中华民族的根。

在哲学的三个基本问题"我是谁？""我从哪里来？""我要到哪里去？"中，少了哪一个问题的答案，人生都是不完整的，都会因为这种残缺，感受到内心的痛苦。我们中华民族讲究文化传承、讲究落叶归根，根本原因就是不能忘记从前的路、不能忘记根本。只有回溯往昔，哲学的三个基本问题才有可能得到解答，内心才能生出归属感，人才能获得安宁。

文字是一个社会、一个民族的灵魂，汉字之于中华民族也一样，因而仓颉造字虽不完全符合史实，但"天雨粟，鬼神泣"却准确地表达了汉字给人类文明带来的巨大的改变和令人震撼的力量。本书分为五章，将从中国古代汉字的含义和演变，全方位拓展性地介绍汉字的文化底蕴，体现文字的知识性、趣味性、可读性，把中国古代汉字的发展历史及其对中国文化、历史、科技、文明的影响阐述清楚。在这个"百年未有之大变局"时期，努力完成从文化自信到文化自强的升华，将对中华民族的伟大复兴起到添砖加瓦的作用。

由于编者知识水平的限制，难免挂一漏万，百密一疏，恳请广大读者批评指正。

吴 雨
於普纳威美亚公寓
庚子年秋

目 录

第一章 汉字的萌芽与发展 …………………………………… 1

第一节 汉字的萌芽 …………………………………… 2
1. 汉字的萌芽——结绳记事 ………………………… 2
2. 过渡性文字——契刻符号 ………………………… 5

第二节 古代汉字的形成和演变 ………………………… 9
1. 甲骨文 …………………………………………… 10
2. 金文 ……………………………………………… 13
3. 篆书 ……………………………………………… 18
4. 隶书 ……………………………………………… 23
5. 楷书 ……………………………………………… 26
6. 草书 ……………………………………………… 28
7. 行书 ……………………………………………… 31

第二章 汉字的载体和形式 …………………………………… 35

第一节 汉字的载体 …………………………………… 36

1. 陶器、甲骨、青铜器 ………………………………… 36
  2. 竹简、木牍 …………………………………………… 41
  3. 缣帛、纸 ……………………………………………… 42
  4. 玉石 …………………………………………………… 45

 第二节　表意字、假借字、形声字 ………………………… 48
  1. 表意字 ………………………………………………… 48
  2. 假借字 ………………………………………………… 50
  3. 形声字 ………………………………………………… 55

 第三节　古今字、正俗字、异体字 ………………………… 60
  1. 古今字 ………………………………………………… 60
  2. 正俗字 ………………………………………………… 63
  3. 异体字 ………………………………………………… 66

 第四节　繁简字 ……………………………………………… 68
  1. 推行简化字 …………………………………………… 69
  2. 支持与反对——汉字简化的两种态度 ……………… 72
  3. 近现代的汉字简化 …………………………………… 76
  4. 港台地区的繁简之争 ………………………………… 86

第三章　汉字的文化内涵 ……………………………………… 90

 第一节　书法艺术 …………………………………………… 91
  1. 汉字书法的发展轨迹 ………………………………… 91

2. 中国书法艺术成因 ················· 95
　　3. 书法艺术中的人文精神 ··············· 100

第二节　人的姓名 ···················· 105
　　1. 姓的由来 ····················· 105
　　2. 氏的由来 ····················· 108
　　3. 名、字、号 ···················· 111
　　4. 谥号、庙号、年号 ················· 114

第三节　避讳字 ····················· 117
　　1. 避讳的由来 ···················· 118
　　2. 避讳的种类 ···················· 120
　　3. 古人的避讳技巧 ·················· 127

第四节　汉字中的佛教用语 ················ 130
　　1. 音译词 ······················ 131
　　2. 意译词 ······················ 133
　　3. 旧词新用 ····················· 134

第四章　有趣的古代文字 ·················· 137

第一节　汉字的文化性 ·················· 138
　　1. 歇后语 ······················ 138
　　2. 对联 ······················· 143
　　3. 诗词 ······················· 147

第二节　有趣的汉字组合 ……………………………… 151
　　1. 汉字的合体艺术 ……………………………………… 151
　　2. 有趣的组合字 ………………………………………… 156
　　3. 汉字聊聊天 …………………………………………… 157

第三节　汉字游戏 …………………………………………… 159
　　1. 测字游戏 ……………………………………………… 160
　　2. 拆字游戏 ……………………………………………… 165
　　3. 谜语 …………………………………………………… 172

第四节　汉字的改造故事 …………………………………… 178
　　1. 武则天造字 …………………………………………… 178
　　2. 秦始皇造字 …………………………………………… 180
　　3. 隋文帝改"随"为"隋" ……………………………… 182
　　4. 朱元璋改字惩腐 ……………………………………… 184
　　5. 刘半农与"她" ……………………………………… 186
　　6. "怪字"之谜 ………………………………………… 188

第五章　古老汉字的力量 ………………………………… 193

第一节　汉字——语言世界的奇花 ………………………… 194
　　1. 理解汉字 ……………………………………………… 194
　　2. 含义特殊的字词 ……………………………………… 197
　　3. 汉字偏旁有深意 ……………………………………… 199

第二节　古老汉字的现实意义 …………………… 206
　　1.汉字与祭祀 …………………………………… 206
　　2.汉字与贸易 …………………………………… 212
　　3.汉字与战争文化 ……………………………… 214

第三节　汉字对其他文字的影响 …………………… 220
　　1.汉字对朝鲜国文字的影响 …………………… 221
　　2.汉字对越南文字的影响 ……………………… 225
　　3.汉字对日本文字的影响 ……………………… 228
　　4.汉字对少数民族文字的影响 ………………… 232

参考文献 …………………………………………… 235

第一章

汉字的萌芽与发展

汉字，整体呈方形格局，因而也叫方块字。不管是商周时期的甲骨文，还是现代使用的汉字，大体上都方方正正。至少在西周末年，汉字的这种方块状的外形就已经固定下来了。在汉字的发展过程中，汉字的外形逐步与传统"天圆地方"的自然观念融合，并被人们赋予了人文含义。古人追求稳重、端庄、平衡的客观美，并将这种审美放到了汉文字的外形上，比如用文字的方正来比像做人也要端方的思想内涵，从而影响汉文字外形的发展。在汉字逐步发展成型并进入实用阶段之后，对人类社会的推动作用不亚于人类历史上的任何一次工业革命，它能够有效积累人类的社会和技术经验，极大地强化了人类教育学习的功能，对人类文明的发展起到了巨大的推动作用——文字对人类文明发展的这种力量，是我们对其进行研究之前应该首先认识到的。汉字是一部文化史。

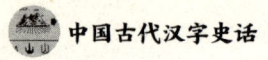
中国古代汉字史话

第一节　汉字的萌芽

　　汉文字体系不是一时一刻形成的，也不是某一人独立创造的，而是在人类社会群体的发展过程中，随着记录、沟通等实际需求，在很长的时间里逐步发展起来的。最初的时候，文字还没有形成一个有序的系统，至少无法充分实现今天汉字的记述功能，仅用于简单的计数，或者是一些具有标记功能的刻符、花纹，有的可能还没有什么特定含义，只是作为一种装饰，连文字的基本功能都不具备。但是，这些计数符号、刻符、花纹却是后来发展壮大、极大地支撑和促进社会文明发展的文字的"种子"。

1. 汉字的萌芽——结绳记事

　　远古时代，因为没有文字，原始先民除了用大脑记忆事物之外，逐渐发展出一种记事的方法——结绳记事。先秦古籍中，就有很多关于结绳记事的记载。《庄子·胠箧》中有"民结绳而用之"的记载，《易经·系辞》中有"事大，大结其绳；事小，小结其绳"的记载,就连甲骨文中都可以看到结绳记事的影子。

结绳记事发展形成之后,就成为当时社会一种普遍的记事方法。如果遇到大事,人们就在绳子上打一个大一些的结,遇到小事就打一个小一些的结;如果需要进行计数,就根据数量的多少来打结;甚至用不同形状的结来表示不同的意思。这种结绳记事的方式在一些很少与外界沟通的近现代少数民族聚居区还有保留。比如中华人民共和国成立以前,云南地区的哈尼族、独龙族,以及我国台湾地区的高山族都还存在结绳记事的现象。

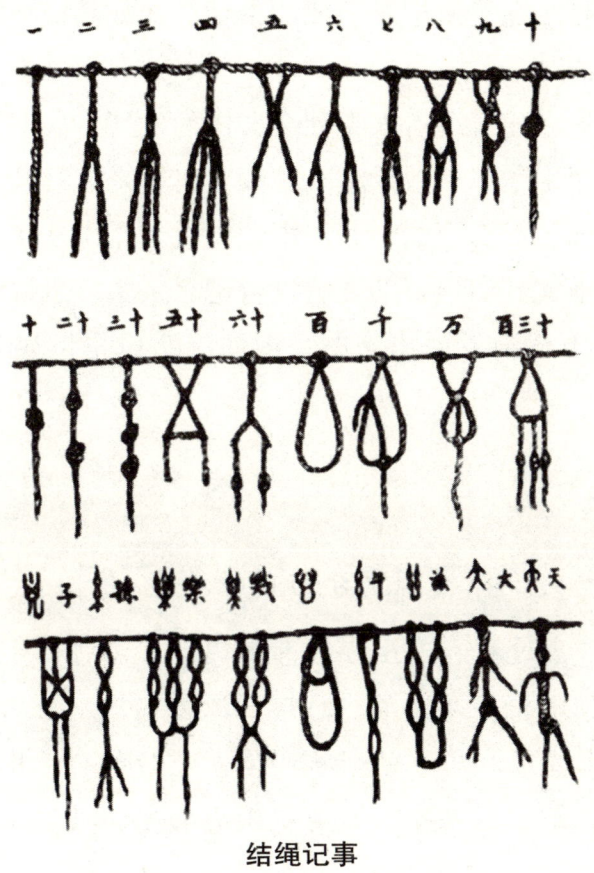

结绳记事

鲁迅的《门外文谈》中说:"我们那里的乡下人,碰到明天要做一件紧要事,怕会忘记时,也常常说'裤带上打一个结'!"这里其实说的就是几千年前延续下来的传统记事方式——结绳记事。并且,在人类的发展过程中,结绳记事不仅中国有,在古埃及、古波斯乃至古代日本等世界的许多地方都出现过。

可以根据一些零星的文献记载、出土文物和现代遗存的结绳记事的情况展开想象,远古人类通过给绳子打结来记录一些数字,比如人口数量、打到的猎物的多少、农作物的收成情况等。他们也通过打结绳子来记录重要的事情,比如新成员的降生、战争或祭祀等情况。

可以想见,随着远古人类社会群体的发展,人们需要记录的事情可能会越来越多、数量越来越大,也越来越复杂,而结绳记事能记录的内容是有限的,其局限性也就暴露出来了。于是,人们自然而然地就开始想别的方法进行记录,文字也许就是在这样的需求背景下逐渐发展出来的,因而汉字也是世界公认的自源文字。

自源文字与借源文字

根据产生过程和产生方式的不同,可以将文字分为自源文字的和借源文字两大类。所谓自源文字,是指从文字产生开始就独立发展,文字的形状和体系是独创的,其特征是发展悠久,比如中国汉字、苏美尔楔形文字、玛雅文字,都是典型的自源文字，这些自源文字目前只有汉字仍在广泛使用。借源文字，是指借用或参照其他文字的字形或系统创立的文字，比如日文借源于汉字，英文、法文等借源于拉丁字母和希腊字母，而希腊字母又借源于古埃及文。

2. 过渡性文字——契刻符号

对汉字起源和发展历史的研究和考证，首先依据的就是考古材料。这些考古材料是社会历史的真实记录，通过对它们的解读，能够还原社会历史的发展历程，包括文字的发展历程。随着考古发掘不断取得的大量与汉字起源有关的材料，对汉字的研究也逐步深入、具体，让我们可以更加翔实地还原汉字的发展历程——汉字在形成甲骨文这样有系统的文字之前，经历了处于萌芽阶段的结绳记事时期，以及嘉湖遗址的契刻符号、龙山文化的几何形纹、陶寺遗址的过渡性文字等初期发展阶段。

1983—1987年，在对重要的裴李岗文化遗址——河南省贾湖新石器时代遗址中发掘出若干随葬的龟甲、骨器和石器，并在上面发现了契刻符号，有的契刻符号与河南安阳殷墟甲骨文的某些字形有着惊人的相似之处。根据碳-14等年代测定技术，贾湖遗址的年代距今有7 000—8 000年，比仰韶文化的年代还早1 000多年。

在贾湖遗址发现的刻符与殷墟已经形成文字系统的甲骨文一样，都刻在龟甲兽骨之上，甚至刻有符号的完整龟甲上特地打的小圆孔，在安阳出土的有字龟甲上也非常常见，说明贾湖遗址所处时代和殷墟所处时代在一定程度上具有相同的文化表现形式。尽管贾湖遗址中发现的龟甲符号不多,还不能证明它是否已经是一种成熟的文字,但根据它们与殷墟甲骨文某种程度上的渊源,可以肯定——这些符号已经具备早期原始文字的性质和特征了。

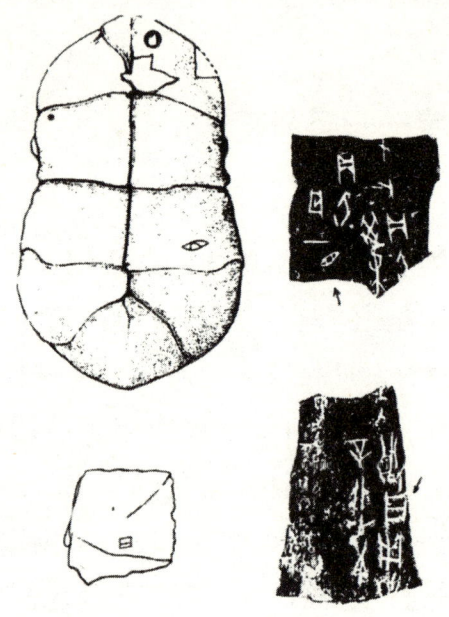

舞阳贾湖龟甲契刻符号(左)、殷墟甲骨文拓片(右)

另外,根据龙山文化山西陶寺遗址的长期考古发掘与研究,基本可以判断:距今 4 000 年至 4 500 年兴建并使用的陶寺遗址,是中国史前功能区划最完备的都城。目前的考古学界倾向于认为陶寺遗址是尧的都城。

陶寺遗址出土的陶器上,发现有一个用红色颜料书写的、形体与甲骨文的"文"字完全相同的符号。很多学者根据这一点,将陶寺遗址视为可能已经形成国家及都城的佐证,并认为在这一时期汉字很可能已经产生了,最少也可以视作贾湖遗址的契刻符号为代表的汉字雏形与殷墟成熟文字甲骨文之间的过渡性质的环节。

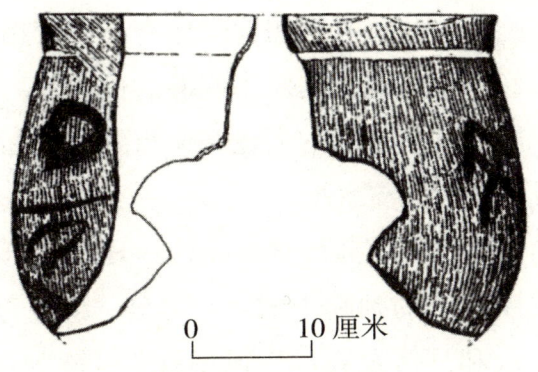

陶寺遗址陶器符号

1992年,在距今4 200多年的山东邹平龙山文化丁公村遗址中发掘出类似文字的符号——丁公陶文,并引起了学术界极大轰动。可以说,丁公陶文是一种走向歧途的古代文字,很可能是没有被史前汉文字统一者吸收融合的一种史前汉字。

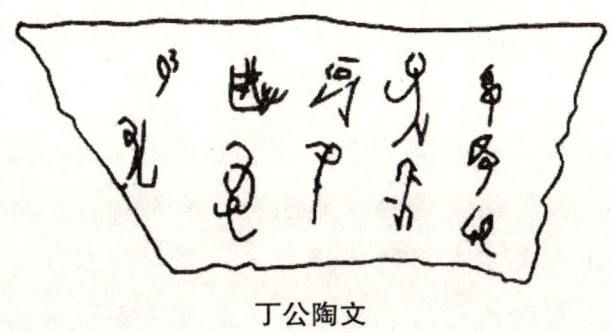

丁公陶文

值得注意的是,汉字的产生应该是多元的,也就是说汉字具有不同的来源。据不完全统计,我国境内近年来发现的、早于甲骨文的书写符号有40余处,除了河南贾湖和山东大汶口,在西北的陕西西安、宝鸡、临潼,甘肃的秦安、半山,青海的乐都,西南的四川广汉，湖北的宜昌，乃至浙江的良渚，江西的清江、新干等地的古代文化遗址中，都发现有类似文字的书写符号和刻符。最重要的是，这些符号的图像形体有的比较相似，有的完全没有关联，但它们很可能都是汉字起源的催化剂。这些不同来源的汉字，随着原始部落之间的文化交流与融合，逐渐发展，并趋向统一或形成几个大分支系统。

虽然目前支持汉文字起源多元化这一理论的研究材料非常有限，学界对文字起源的判断仍旧存在分歧，除了起源问题之外，关于汉字的形成和具体发展过程很多也靠有限的资料进行推论，但是根据《尚书·多士》中"惟殷先人有册有典"这句话（"册"和"典"都代表用文字进行的某种记录），可以说明在商朝建立之前，汉字已经形成体系并且进入实用阶段。因此，保守地推测，汉字可能形成于距今大约 4 000 年的夏代中期。

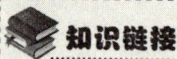 知识链接

楔形文字

两河流域，也就是美索不达米亚平原，这一狭长的平原犹如一弯新月，焕发着神秘的色彩，令人神往。公元前 3200 年左右，楔形文字在两河流域形成。两河流域缺少木材和石料，苏美尔人就用之河流冲积出来的泥土制成泥版，用芦苇制作书写工具，然后在泥版上刻画图案或者书写文字。这种文字符号因为每一笔的刻痕都呈现起笔部分痕迹宽、深，拖出部分痕迹窄、浅，就像木楔一样，所以被称为楔形文字。19 世纪 40 年代，考古学家偶然在叙利亚挖掘出 1.5 万块泥板

书，这些文字不仅发掘现场的人们不能识读，就连世界上的许多文字专家也无法阅读。后经专家研究，才大致破译了出来。从此，一个被湮灭许久的灿烂的文明从远古熠熠生辉地走到了我们的面前，让我们对远古人类文明有了更多的畅想和期盼。

第二节　古代汉字的形成和演变

汉文字从契刻符号到甲骨文，从甲骨文到到现在通行的宋体、楷体，经历了漫长的演变过程。汉文字，可以说是伴随着整个华夏民族的发展历程进行演变的。在这个演变过程中，文字的笔画逐渐发展统一，字形的特点与书写风格具有非常明显的时代性，而且演变路线清晰——这是文字与社会文化发展密不可分的明证。汉文字从形成文字系统的甲骨文开始，大致的演变过程是甲骨文—金文—篆书—隶书—楷书—草书—行书。

其中，甲骨文和金文是根据书写材料来命名的，比如：甲骨文因为被书写、刻画在龟甲、牛骨之上，所以被称为甲骨文；金文因为被铸刻在以青铜器为代表的金器上，所以被称为金文。而篆书、隶书、楷书、草书、行书都以"书"来命名，因为甲骨文中的"书"字就像手拿着毛笔在写字，所以将用毛笔这类书写工具发展出来的不同字形特点和风格的汉字分类为"篆""隶""楷""草""行"等。这些汉字的形态和汉字自身所处的发展阶段和社会时期是密不可分的,按照这样的发展规律对它们进行分类之后,研究起来也才不致杂乱。

1. 甲骨文

清末,时任国子监祭酒的学者王懿荣在药材中偶然发现了一味中药——龙骨上带有奇怪的符号图案,不同龙骨上的有些符号图案甚至还是相似的。王懿荣是一个古董商人、金石学家,他对古物、古文字的理解是他发现甲骨文的基础。他将这些奇怪的图案画下来,经过比对研究之后才意识到,这些龙骨上的符号图案很可能是一种比较古老的文字。在多方打听、几经周折之后,他找到了这些龙骨的出处——河南安阳小屯村,这里是距今3 000多年前的商王朝的都城,是中国第一个有文献可考并被考古学和甲骨文所证实的都城。王懿荣曾以每字白银二两的价格购买有字甲骨,一时之间,甲骨热潮兴起,甲骨成了稀世珍宝,引起无数人的觊觎和盗挖。

甲骨文,就是刻在龟甲和兽骨上的文字,可以说是迄今我们所知道的最早的成系统的文字。这些带有甲骨文的龟甲和兽骨,

清代 王懿荣

在1899年正式认定其价值之前一直被作为中药材磨成粉进行使用。在甲骨文的价值被认定之后，经历了私人滥掘和国家组织科学发掘两个阶段。在私人滥掘阶段，大量甲骨文流散，或被国外收购带走，或散落在国内的收藏家手中。即便如此，十几万片之多带有文字的龟甲和兽骨为甲骨文的研究提供了充分的素材，甚至逐渐发展出了一门专门研究甲骨文的学科——甲骨学。

甲骨文的书写材料大多是龟的腹甲，以及牛的肩甲，上面的文字大多是用刀刻出来的，少数是用毛笔蘸墨或者朱砂书进行书写的。根据估算，从甲骨文发现至今，从殷墟出土的甲骨总数有10万~15万片，大部分仍旧流散在民间或国外。目前，学术界整理出来甲骨文单字有4 500多个，已经辨识出来的近2 000字中常用且无争论的文字有1 000多字。商代的这些甲骨文的特点是：笔画简洁，棱角突出；字形不固定（同一个字具有不同的写法）；具有大量的象形性，形体多来源于客观事物的图像，遗存了原始图画的特征；出现了多种不同的造字方法；出现了合文（把两个或三个字书写在一起）；文字的排列方式多样（有单行横写的，有直写的，有从左到右写的，有从右到左写的）。

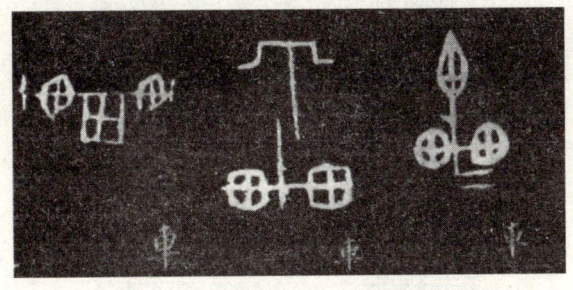

甲骨文"车"字

绝大部分甲骨文是卜辞，也就是有关占卜的记录。在商代，占卜是国家政治生活的重要组成部分，每事必卜，每卜必至多次，凡祭祀、征战、田猎、疾病、风雨晦冥、年辰丰欠、时日吉凶、用人用牲、分娩等一切大事小事都要通过龟甲兽骨进行占卜，请命于"天"。占卜的方式是：在占卜之前，先在龟甲或兽骨上钻孔，然后将其放到火上烤，这些龟甲和兽骨受热后会产生裂纹，占卜的人便根据这些裂纹的不同走向判断吉凶。之后，要将占卜的情况以及应验与否的相关情况刻写在龟甲和兽骨上。

通常，甲骨上的卜辞字数不多，大多十几二十个字，五十个字以上的卜辞很少，虽然用词简单、格式大体一致，但是已经能够完整地记录所卜问的事情。从这些卜辞来看，甲骨文已经是有一定语序的书写文字了，说明它已经具备语言逻辑，是一种成熟的文字体系了。因此，就目前的研究资料来看，甲骨文是中国已经发现的古代文字中年代最早、体系较为完整的文字。

殷墟甲骨文

殷 墟

"殷墟"是我们对甲骨文的第一印象。据《史记》《尚书》《竹书纪年》等文献记载,距今3 000多年前的商王朝延续了近500年,第一位商王名汤,于公元前16世纪初在亳都建国,在迅速征服周邻势力的同时稳定了商王朝的统治版图。商朝前后共有31位商王,曾数度迁都,并由第20代商王盘庚迁都至殷,直到公元前1046年帝辛亡国,殷一直是商代后期的政治、经济、文化、军事中心。商灭亡后,殷逐渐沦为废墟。

2. 金文

金文,专指铸刻在古代青铜器上的文字,因先秦时称铜为金才取名"金文",也叫钟鼎文、铭文。

中国青铜器文化的发展大致可以划分为三个阶段:形成期、鼎盛期和转变期。青铜器的形成期距今4 000~4 800年,相当于传说中的尧舜禹时代,从文献中的记载来看,这一时期已经有冶铸青铜器的记载。青铜器的鼎盛期大致包括夏、商、西周、春秋及战国早期,延续了1 600余年的时间,这个时期的青铜器主要是礼乐器、兵器及杂器。青铜器的转变期一般指战国末年至秦汉末年这一时期,在这一时期传统礼仪制度彻底瓦解,铁制品占据了兵器、工具等领域的主导地位,陶瓷器逐渐走进寻常百姓家,除了隋唐时期精美的铜镜,铜器已经从社会的各个方面逐渐退出历史舞台了。

商周时期是青铜器发展的高峰期，人们利用青铜合金铸造各种生活器具和礼器，在社会的各个方面和各个阶层使用，既作为日常生活实用器具使用，又作为权贵和身份的象征。对于这么重要的器具，上面出现具有表彰和记录功能的文字是在情理中的，从历史发展来看也是必然的。

商代的许多金文是记名式的，仅在器物上标记所有者的族氏名、制造器皿的人的名字，以及受祭人的名称等，都比较简短。早期青铜器上的文字较为原始，尤其是代表族氏名的图腾类文字的族徽，许多族徽甚至还不是文字，只是一种图形符号，其中一些在后来的演变中成为汉字中的一员。

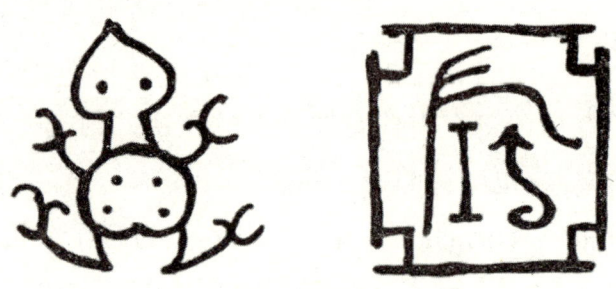

金文图腾

青铜器的礼器以鼎为代表，青铜器的乐器以钟为代表，因而"钟鼎"就成了青铜器的代名词。古代豪门贵族在用餐的时候要击钟奏乐，用鼎盛着各色美食依次呈上，因而有了"钟鸣鼎食"这个词，并用它来形容权贵之家。进入西周之后，青铜器铸造得越来越多，铸刻在上面的文字内容越来越丰富，篇幅也越来越长，由记名式的两三字发展到几十乃至数百字，记载了祭祀、赏赐、任命、功绩、战争、训诰等大小事宜，甚至还有社会经济、法律等方面的内容。至今发现铸刻铭文字数最多的青铜器是毛公鼎，有497字。

毛公鼎

在汉代，就不断地有商周时期的青铜器出土，并成为学者研究的对象，还形成了专门之学。据容庚《金文编》记载，在目前发现的8 000余件青铜器上，发现的金文共计3 722个，其中2 420个是可以正确释读的。由于这些铭文属于未经篡改的第一手材料，因此具有非常高的历史文献价值。

比如，西周早期的青铜器利簋上就有一段金文是这样的：

武王伐商，甲子日凌晨岁星正当其位，宜于征伐；战胜商朝八天后的辛未日，武王在他的军队驻地赏有司（官名）利（人名）以铜，利用铜来铸造宝器。

这段铭文记载了武王伐纣的具体时间以及当天的天象，证实了《尚书·牧誓》《逸周书·世俘》等文献中记载的史实。可见，金文对查实历史事件具有重要的文献价值。

跟现代铸铁产品一样，青铜器的铸造也要使用模具，这种模具在古代叫作"陶范"。铸刻在青铜器上的文字大多是预先雕刻在陶范上，之后再铸出来的，虽然有少数是直接刻在铸好的铜器上的，但是为数不多。陶范质地松软，雕刻简易，图绘功能更强，因而早期金文比甲骨文更接近原始文字。

金文大致可分为以下几个发展时期：在甲骨文的基础上产生的商朝金文（前1300—前1046年），金文多为铸者或其先祖之名讳用字；提倡礼法带动铭文发展出起来的西周金文（前1045—前771年），书体笔力刚劲有力，首尾出锋，波磔明显；进入全盛期的东周金文（前770—前222年），金文被广泛使用；统一文字为小篆之后的秦汉金文（前221—前219年），金文渐渐淡出了人们的视线。

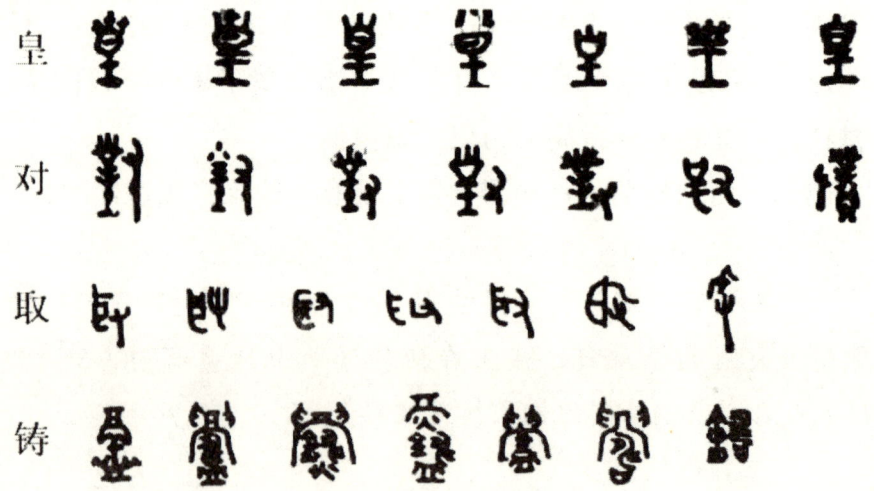

金文同一个字的不同写法

金文有很多和甲骨文相似的特点，但也有明显的区别，比如：早期金文的繁简程度与甲骨文差不多，但金文的形体结构在发展中发生了简化，变得易记、易学，也更便于使用；金文的字形不固定，同一个字具有不同的写法；金文中也有合文，会将多个字合在一起书写；金文不像甲骨文一样线条锋直，反而笔道粗实、曲笔多、团块大。

由于刻写金文的工序复杂，金文的发展又与青铜器的发展紧密相连，因此金文的内容和字数多多少少都与刻写的年代有密切的联系，才会出现殷商时期青铜器上的金文字数较少、西周时渐多、秦之后又转少的情况，因为秦汉之后文字的舞台就由青铜器转向石刻了。

东周青铜鬲鼎上的文字

金文上承甲骨文，下启篆文，自西周早期至秦灭六国历时约800年，是学术界公认的汉字发展链条中承上启下的重要环节。

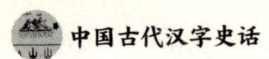中国古代汉字史话

> **知识链接**
>
> **为什么说甲骨文、金文已经是一种成熟的文字？**
>
> 　　一种文字的成熟，不在于它有多少个成型的文字，而在于字与字之间是否有明显的区别度，也有一定的关联度，要能够分清字与字之间、词与词之间的含义，不容易混淆。这种区别程度有大有小，但需要达到一定的程度才能说明其所代表的文字是否发展成熟。
>
> 　　仅仅有区别度，没有关联度，是没法构成符号体系的。比如"巳""己""已"，它们之间的字形虽然非常相似，但也是有区别的，虽然有区别，但是它们之间没有关联度，所以仅这三个字是无法形成一个符号体系的。文字之间必须有所关联，才能形成系统。比如"材料"的"材"字，左边是"木"，右边是"才"，两个合在一起是"材"，"木""才""材"三个字就有了关联，这才是文字符号的关联度。
>
> 　　在甲骨文、金文已经识别的字符中，它们不仅相互之间是有区别度的，而且有关联度，因而学界认为它们是已经成熟的汉字系统。这种成熟的文字系统是需要长时期的历史积淀，经过人为的整理之后才会出现的。

3. 篆书

　　广义上的篆书，包括隶书以前的所有书体及其近属，如甲骨文、金文、石鼓文、六国古文、小篆、缪篆、叠篆等；狭义上的

篆书主要是指大篆和小篆。李斯按照秦始皇的要求，以从前通用的大篆为基础，吸取齐鲁地区通行的蝌蚪文笔画简省的优点，创造出一种笔画简略的新文字——"秦篆"，也叫作小篆。小篆从大篆简化而来，"小篆"中的"小"是简化的意思，"篆"是形声字，从竹从象（表声），含有在竹帛上书写的意思。小篆字形匀称，比大篆更容易书写。与小篆相对应的大篆，保存了远古象形文字的特点。

文字发展到篆书的时候，字体的形式变得更加丰富多样，应用范围也更加广泛。下面我们简略了解一下其中的几种。

鸟虫书 鸟虫书亦称"虫书"，是篆书的花体字，往往用动物的雏形组成笔画，似书似画，饶有情趣，很像我们现在说的图案字、美术字。春秋战国时已经有鸟虫书了，大都被铸刻在兵器或大钟上，也常常应用在旗帜和符信上做标识文字，在汉代的瓦当、印章中也有发现。在古代，"文心雕龙"中的"雕龙"指写文章，而"雕虫"就是指书法。成语"雕虫小技"用来比喻微不足道的技能，其中的"虫"指的就是鸟虫书。

鸟虫书

中山篆 1977年，战国中山王陵出土了2 400余字，去掉重复的有505个，马歌东于1985年将"中山三器"铭文书体命名为"中山篆"。"中山三器"铭文为艺术书体风格，主要特色有：笔画纤细，笔力刚劲挺拔，结构严谨，神采俊逸，着意追求字形的艺术效果，且字体大小一致，呈长宽约为3∶1的竖长方形；添有多种具有装饰效果笔画，加强了视觉美感，结构也更为匀称；同一器同一铭文中，表现出书家艺术风格的明显个性差异，这在历来出土的铭文中是罕见的。中山篆是一种成熟且具美感的书体，有别于我国任何时代金文的书体风格。

马氏中山篆 1984年，马可仲买回一本中华书局1979年出版的《古文字研究》第一辑，并为书中风格独特的"中山三器"铭文书体所震撼，自此便开始了对中山铭文的倾力研究。马可仲一直试图根据现有505个中山篆的偏旁部首及笔画结构、参考金文古籀，创补出

马氏中山篆

更多的中山篆体风格的文字。马氏中山篆中，新字的构成原则有三：符合古文字结构的发展规律；有古文字资料依据；遵循约定俗成的原则。马可仲之后，其子马歌东奉先父之遗志，又经10余年反复探索，经历了25年坎坷，终于在2007年以约5 000字收笔，初装成册，并将其命名为《马氏中山篆书谱》。中国青年出版社对《马氏中山篆作品集》的出版，标志着马氏中山篆作为一种成熟的新书体进入了我国的书法艺术领域。

石鼓文 石鼓文，共10座，高约2尺，径约3尺，发现于唐初，其刻石外形好似鼓，每座都刻有大篆四言诗1首，共10首、718字。因为石鼓文的内容最初被认为是记述周宣王出猎的场面又称猎碣，所以还被叫作雍邑刻石。石鼓文字体整肃，端庄凝重，笔力稳健，石有古朴雄浑之美，是中国最早的石刻文字，世称"石刻之祖"。石鼓文的文字呈比例适中的竖长方形，字形大小一致，排列严正有序，以舒展大方的字形和

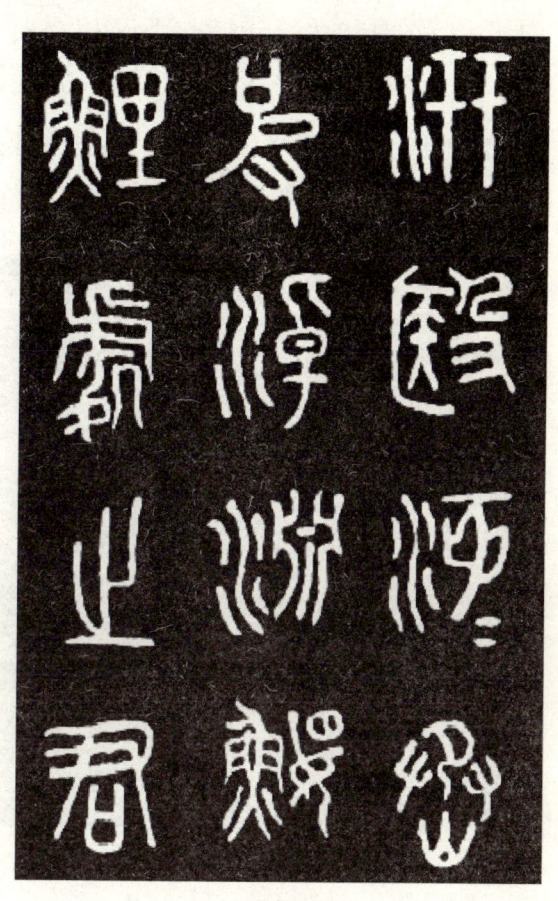

石鼓文

为秦代小篆问世奠定了基础。可以说，石鼓文是大篆发展过渡到小篆的桥梁，被历代书法家视为习篆书的重要范本，有"书家第一法则"之称誉。

泰山石刻　秦始皇统一全国后，为了"示疆威，服海内"，从第二年（前220年）开始，先后5次巡视全国，足迹所至，都要立碑刻字以示天下。各地闻讯后都争相前来拓印，在实现宣传效果的同时，还可供人临摹学习使用。泰山刻石是秦始皇东游郡县时，为炫耀其文治武功，由丞相李斯书写刻制而成的，是秦统一文字后的代表性石刻。其原碑残石现藏于山东泰山岱庙，宋拓《泰山刻石》165字，字体结构平稳均衡、端严凝重、疏密有致、飘逸若飞，章法严整，古意盎然，可算是传国之玮宝了。

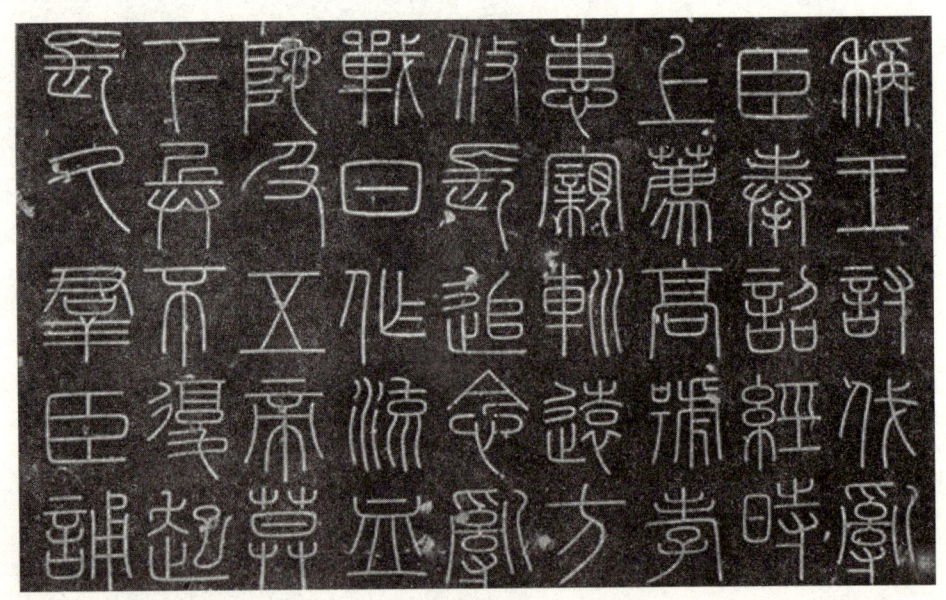

泰山刻石

"壁经"与蝌蚪文

汉景帝时期，鲁恭王（前155—前129年）为了扩大府第，拆除了孔子的老宅子，在墙壁中发现了一批简书，这批简书是孔子八世孙孔鲋（或谓鲋之弟）为避免书籍被秦始皇焚毁砌在墙壁中的，因而又被称为壁中书、壁书或壁经。这些书是用书籍流通时期通行于六国的文字写成的，字体与小篆、隶书都有差别，因为外形有些像蝌蚪，又被称为蝌蚪古文。《说文解字》中所收的"古文"大部分是这种字。

4. 隶书

汉字发展到小篆阶段，就定型化了：篆书的外形轮廓，由甲骨文、金文、战国文字的大小不一、长短不定、参差不齐，变成相对整齐的长方形；篆书的笔画由方圆粗细不等，变成了均匀圆转的线条。虽然小篆变得更加优美、工整，但字形还是比较复杂的，书写起来并不方便，于是有书写需求又嫌小篆书写不便的民间出现了一种相对草率的新字体，这种新字体打破了小篆端庄工整的外形风格，把圆转弯曲的线条改成了方折的形式。就是在这种新

曹全碑

体字的基础上，隶书逐渐演化了出来。

在秦朝的时候，隶书还不是正体，没有被普遍使用。关于隶书，还有一个来源：据说是秦朝的程邈为了应付当时繁忙的官狱事务造的字体，这种字体书写简便快捷，在当时下层官吏、差役、工匠、奴隶中颇为流行，因而被称为"隶书"。

古文字属于线条文字，隶书属于早期的笔画文字，并且已经具有现代汉字的基本特征了。隶书的字形呈扁方形，笔画平直方折，书写简便，到汉朝的时候就取代小篆成了正体。因此，人们也把隶书称为汉隶，把篆书演变为隶书的过程叫作隶变。

隶变主要是通过3种方式进行的：形变，由篆书圆转绵长的线条风格变为隶书平直方折的笔力笔调；省变，对小篆繁复的字体进行了简化；讹变，在字形上没有规律，也无理据可寻地进行了隶变。在隶变过程中，人主观的审美意识极大地影响了隶书的形态变化，常常出现同一时、同一文献载体，甚至同一碑刻中杂糅了不同的风格。

和小篆相比，隶变之后的隶书不管是在笔画造型上还是在形体结构上都发生了较大的变化，使汉字进一步符号化，几乎丧失了象形意味，把象形字的汉字变成不象形的象形字了。隶书分化与归并了小篆的偏旁，不同偏旁在隶书中也被归并为同一形体，较大程度地改变了汉字的形体结构。

总体来说，汉字从小篆变为隶书，形体往往有所减省，简化了许多的同时，也更便于书写了。并且，伴随纸张的发明、毛笔的改良，从西汉开始，隶书又发生了新的变化，轮廓由较方形变为较扁形，笔画中出现了较多的波、折，并和初期的古隶相对，被称为"今隶"。

隶变在汉字发展史上具有里程碑式的意义,让汉字结束了古文字阶段,进入今文字阶段。作为一种字体,隶书在秦朝就被铸刻到器物之上了,比如公元前344年(秦孝公十八年)为统一秦国度量衡制度而铸造的一种容量为一升的标准器——后世称其为"商鞅方升",器壁上所铸刻的铭文的字体就是隶书。

在秦代灭亡后,隶书得到进一步的推广和流行。东汉中期以后,隶书成为官方认可的正式字体,当时大量的丰碑巨碣都是由这种隶体书刻的,小篆一类的字体在这一时期就用作碑碣文字的书写了。

而隶书作为中国书法五大书体之一,典型代表是东汉碑刻——书法史上称之为汉碑。比如,立于公元153年(东汉桓帝永兴元年)的乙瑛碑,是汉代正体隶书最典型的作品,笔法端庄典雅、浑厚流美,堪称东汉"庙堂书法"的典范;立于公元186年(东汉中平三年)、颂扬谷城宰张迁的惠政的张迁碑,书法造型古朴奇绝、气韵雄强,在书法史上独树一帜;立于公元185年(东汉中平二年)、颂扬合阳县令曹全德政的曹全碑,用笔灵巧、笔势飘逸,为汉碑灵巧秀美之代表;等等。

隶书在汉代不管是实用功能,还是作为艺术形式,都得到了极大的发展,充分展现了它作为新字体开端的生命力和可塑性,为中华文字、书法史留下了浓墨重彩的一笔,并将其艺术、美和价值传播到了今天。

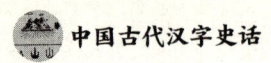

5. 楷书

楷书出现于汉朝末年，盛行于魏晋南北朝，通行至今。楷书笔画平直，堪当楷模。楷书确立了汉字的形体规范，两千多年来几乎没有变化，在确立其地位之后，也被叫作"正书""真书"，是供人学习和运用的正规书体。

楷书脱胎于隶书，改变了隶书笔画的写法：横笔的末端不再向上挑，而是收锋；点笔由长形变得偏圆；撇笔的方向改为斜向下，出尖锋；钩笔不用慢弯，成了硬钩。更重要的是，它把汉字由隶书的扁形，改为方形。汉字被称为"方块字"，就是针对楷书而言的。

在形体结构方面，楷书和隶书则差不多，一般只要认识楷书的，就能辨识隶书。不过，早期的楷书和草书因为都是隶书的变体、都来自民间，所以不易区分。比如，汉代朱书砖看起来草书的味道重一些，而公元172年（东汉熹平元年）陶瓶上的书迹对隶书的笔意做了一些变化，总体效果比较工整。有学者把这一类字体叫作"新隶体"，其实也可以把它看作早期的楷书，属于隶书到楷书的过渡型书体。

虽然在两晋南北朝之后，楷书成为正书，是书写界的主要字体，但是在很长一段时间里，都还带有隶书的味道。以北魏为主的大量摩崖、造像、碑碣、墓志上的铭文，时常有意追求古拙，再加刀刻墨拓，大多显得方正凝重，富有变化，虽说是楷书，但还有隶书的气韵在里面。这种风格的书体，在清代晚期以来颇受追崇。

第一章　汉字的萌芽与发展

经历长期的演化之后，到隋唐之际楷书才基本成熟，定型下来。定型之后的楷书，笔画结构严谨、精致，唐代著名书法家欧阳询的作品《九成宫醴泉铭》就是楷书的范本之一，学习书法的人都依此临摹。

印刷术发明并使用之后，楷书就是印书的主要字体。在宋代刻印的书籍中，对楷书进行了艺术加工，使其变得更加规矩且更具有美感，被称为"宋体字"。后

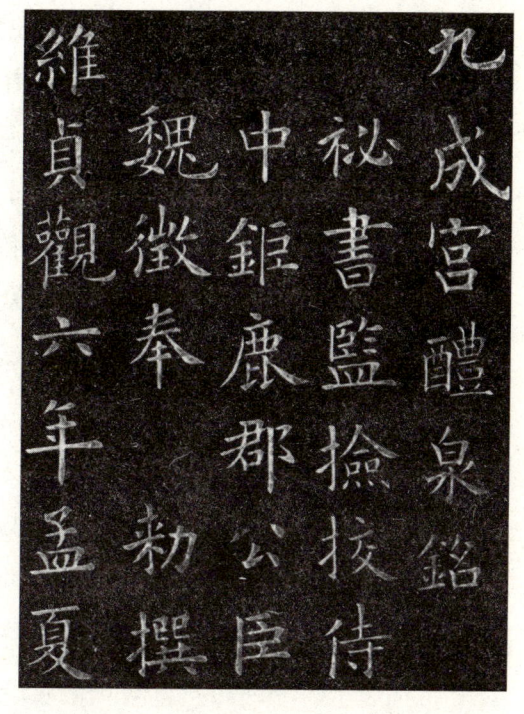

欧阳询《九成宫醴泉铭》拓片（部分）

来还有模仿宋体字的"仿宋体"出现，现在的书籍报刊上所用的字体基本还都是这种风格的楷书变体。

之后，为了适应社会变化和使用需求，楷书发展到一定程度后演变出一种适用于科举考试及官方抄写书录的字体——馆阁体。北宋掌图书史籍的编撰之事的昭文馆、史馆、集贤馆，以及图书经籍及历代御制典籍的收藏之所辟秘阁、龙图阁、天章阁合并，统称"馆阁"——"馆阁体"的"馆阁"二字即由此而来。馆阁体是楷书的一种。严格意义上讲，它是非常纯粹的书写文字，是服务于图书生产和印刷事业的，与此前艺术和实用融为一体的情况不同。人们将一味追求平正、均匀的字体都称为馆阁体。

虽然印刷事业助力了馆阁体的发展，之后的书法艺术字体和印刷实用字体有分离的趋势，但是馆阁体的字形、风格还是有时代风格的；虽然弱化了艺术美感、强调便于印刷和阅读的体验，但是其越来越成熟的结构发展还是非常值得研究的。不同阶段的馆阁体其实有不同的发展历程和名称，比如：北宋翰林院中流行的由临习《怀仁集王羲之书圣教序》而形成的"院体"，乌黑、方正、光泽、等大，用来抄写图书史籍、奏折或用于应付科举考试最合适不过了；明代的"台阁体"，是翰林院侍讲学士沈度风格秀润华美、正雅圆融的字体受明成祖朱棣赏识之后，士子争相仿效才成为标准书体的，因为明初擅长书写者皆为内阁宰辅之臣，"台阁"是宰辅的别称，故称；清代则将翰林院中独有的书法风格统称为"馆阁体"。后来的人们才把这类字体广义化，将方正、光洁、乌黑、大小齐平的书体都视为"馆阁体"或"馆阁化书体"。

楷书因为图书事业的发展，获得了极强的生命力和极大的发展空间，在漫长的使用过程中，越来越标准化、体系化。楷书字形的形体结构，受到逐渐发展成熟的文化侵染的同时，也反哺着学习它、审视它的人，成为传统文化和个人精神世界的桥梁。在书法艺术中，楷书是学习、临摹的基础，在各个朝代涌现出了不少卓越的书法大家。

6. 草书

在汉代，除了隶书以外，通行的字体还有草书。"草"，指随意的、不正式的；"草书"，就是随意书写、写得潦草的字。关于草书的起源时间，历史上说法不一，《说文解字·叙》中的"汉

第一章 汉字的萌芽与发展

兴有草书"是比较被认同的一种说法。

东汉崔瑗在《草书势》中说"草书用于卒迫",是在书写速度非常快的情况自然形成的,内部笔画之间、字与字之间可以连写,是一种笔法流畅、率性而为、恣意美观的书体。草书是从民间由隶书萌芽发展出来的,比如:从出土的西汉初期用隶书书写的简牍和帛书中已经可以看到连笔书写的现象;西汉晚期的甘肃居延出土了已经具有后世草书风格的字体;1985年河北白塔村的汉墓葬中出土了一块用朱砂书写了约50字的砖,砖上的文字是一种以隶书为基础的草书,书写清晰,运笔洒脱,带有浓烈的民间气息。

按照对草书定义的理解,任何字体都可以用草书的形式,因此草书就有了许多种类,比如草篆、草隶、藁草、章草、今草、狂草等。最早的草书是从汉隶演变而来的章草,始于西汉,盛于东汉、西晋,延续到东晋中叶,虽然最早在民间流行,但是经过文人、书法家的加工,形体就比较规整、严格了,可以用在呈给皇帝阅览的章奏等官方场合,因此才"章草"。

杜度的出现是章草形成的标

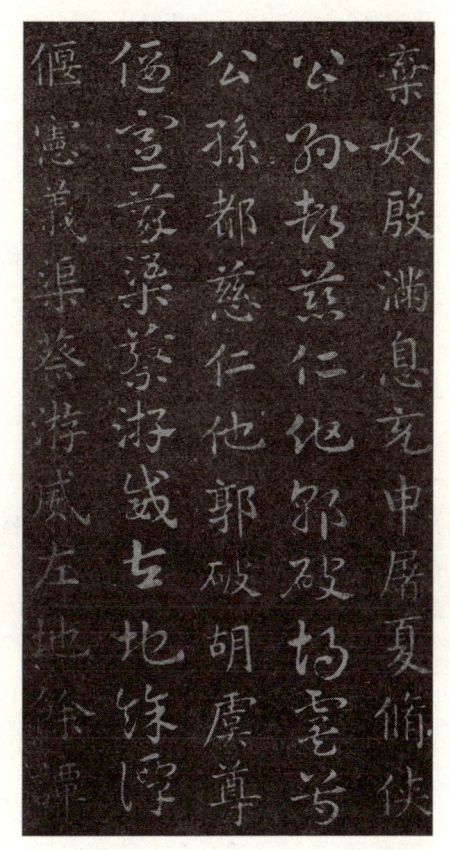

章草《急就章》(片段)

志，三国时期吴国的书法家皇象学习杜度的书法书写过的《急就章》就是章草的代表作。章草"解散隶体粗书之，存字之梗概，损隶之规矩，纵任奔逸，赴速急就"，从中我们不难看出，草书还保留着隶书笔画的形迹，稍加辨认，隶、草之间的源流关系还是清晰可见。

章草保留了隶书的波挑和捺笔，还带有一些隶书的味道。但在楷书产生之后，章草在楷书的基础上发展，不仅笔画之间相互勾连，勾连上下相邻的文字之间也可以进行连写，隶书笔画的一些特征也消失了，形成了另一种形式的草书——"今草"。

今草是在章草的基础上，结合楷书书法发展而来，不再含有隶意，笔画连带，字与字之间或相互呼应或相互勾连，字体或大或小、或长或扁、或方或圆，笔画或粗或细，自由灵活，就像一气呵成的一样，书写上也比章草更加简洁。今草系书法家随心而作，同一个字或有多种写法，不易识别。相传今草是由东汉张芝创制，因此张芝也被称为草圣。今草到东晋发展到高峰。

王羲之革变今草的写法，融楷书、行书书法于草书，形成了后世所称的、别具一格的新草。

在发展过程中，有些草书的书写变得更加随意，且将汉字的形体简省得太过分，一般人难以辨认，形成了所谓的"狂草"。狂草因为辨认困难，逐渐失去了实用价值，只在书法艺术领域发展，作为艺术品供人欣赏。

据说狂草始于唐代张旭。张旭，唐朝吴县（今江苏苏州）人，曾为颜真卿之师，书法功底深厚，以精能之至的笔法、豪放不羁的性情开创了狂草的书写风格。唐代高僧怀素幼年尚佛，出家为僧,并热衷草书艺术,他继承了张旭的狂草风格,草书精妙,得到颜真卿等书家、诗人、名流的欣赏。张旭、怀素均嗜酒,好狂饮,世称张旭为张癫、怀素为醉僧,素有"癫张狂素"之说。怀素的《自叙帖》被誉为"中华第一草书",是中华十大传世名帖之一。

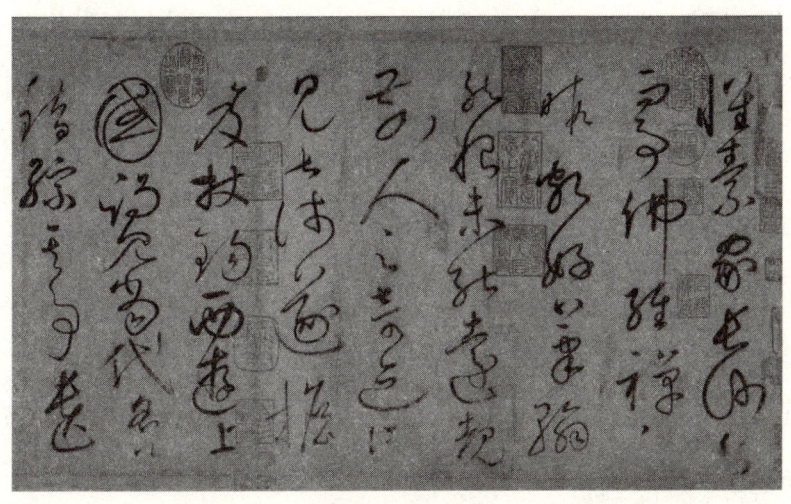

怀素《自叙帖》

近现代书法大家于右任搜集了许多历代草书墨迹、拓本和论著,整理出71个代表符号,使草书有了清晰严整的规范,根据这些符号就可以识别和书写草书。而标准的草书有3个特点:容易识别;清楚、秀丽;笔画简练而富有美感。因此,在学习和欣赏草书的时候,不亚于欣赏一幅艺术名画——草书代表着书法达到的至高的艺术境界。

7.行书

行书出现于东汉晚期,没有严格的书写规则,不像楷书那样端正，也不像草书那样潦草，书写方便，容易辨认。"行"，就是行走的意思。过去有人打过比方，说楷书像人端坐、草书像人奔跑、行书像人行走。行书可以快速书写，又不会像草书那样潦草到让人无法辨认，合并了草书和楷书的优点，摒弃了草书和楷书的缺点，是平时写信、速记、作文章常用的一种书体。行书假如写得端正一些，就偏向楷书，叫"行楷"；假如写得潦草一些，就偏向草书，叫"行草"。

在某种程度上，行书与楷书、草书可以说是同时产生的，只是早期的行楷与楷书、行草与草书之间，概念比较模糊，因而没有明确的界限。但是，随着楷书、草书、行书各自发展成熟，各自的风格、特点才变得比较明确。

传说行书由东汉刘德升所创，在魏晋时期就流行于民间了。20世纪以来，我国新疆地区的古代楼兰国遗址出土了大量魏晋文书残纸，里面不少文字就是已经发展成熟的行书。

东晋大书法家王羲之（303—361年）被誉为"书圣"，他创作过大量的行书作品，字体风格独特，极具艺术美感，长期以来备受众人珍爱。王羲之，字逸少，琅琊（今属山东临沂）人，后迁会稽山阴（今浙江绍兴），晚年隐居剡县金庭，擅长隶、草、楷、行等各体。他博采众长，自成一家，与其子王献之合称"二王"，对书法史影响深远。王羲之楷书、草书都写得非常好，其行书可谓独步天下。王羲之最为世人传诵的行书代表作是《兰亭序》，被后世誉为"天下第一行书"。

王羲之书法功底深厚。据说有一次，王羲之在木板上给一个朋友题了几个字，朋友回家后请来一个刻工，让他按照字迹进

王羲之行书《心经》

行雕刻，留作纪念。刻工雕刻的时候，发现这些字的墨迹竟入木三分之深。晋帝到北郊祭祀的时候，便让王羲之把祝词写在木板上，工人雕刻的时候把木板削了一层又一层，发现王羲之的书法墨迹竟然洇到木板里面去了。通过这两个有关王羲之书法的故事，可以看出王羲之笔力之雄劲，书法技艺之高超。"入木三分"这个成语也由此而来。

在公元353年（东晋穆帝永和九年）农历三月初三，王羲之和谢安、孙绰等41人在绍兴兰亭修禊（一种祭祀活动）时，众人饮酒赋诗，王羲之挥毫为诗集作序，作出一天下名篇《兰亭序》，来记述当时文人雅士相聚的情景。相传，唐太宗特别喜欢《兰亭序》，为了得到这本字帖的真迹，他派人四处寻找，最后用高价收入皇宫，临死时还一再嘱咐后人要将真迹埋入他的墓穴中。

除了王羲之之外，行书著名的书法大家还有很多。因为行书集实用和艺术功能为一体，几乎达到了艺术境界的临界峰值，风流兼美，在我国书法史上有着举足轻重的地位。

知识链接

东床快婿

东晋时期,太尉郗鉴与丞相王导(王羲之父亲的兄弟)同朝为官,交情很好。太尉郗鉴有个生得秀外慧中的女儿,已经到了谈婚论嫁的年龄。郗鉴知道王导家子弟甚多,且个个都才貌俱佳。有一天上过早朝后,就把打算择婿的想法告诉了王导。王导说:"我家里子弟很多,您派人到家里挑选吧。"郗鉴于是派心腹管家,带上重礼来到王丞相家。王导家族子弟听说太尉派人前来选婿,个个精心打扮之后前来相见。但数了数,发现少了一人。王导府上的管家便领着郗鉴府上的管家来到东院书房,一来就看到东墙下的床上袒腹仰卧着一个正在翻阅字帖的年轻人。郗鉴府上的管家回到府中,对郗太尉说:"王府的年轻公子20余人,听说郗府觅婿,都争先恐后,唯有一位公子袒腹而卧,若无其事。"郗鉴说:"这就是我想选的人。走,快领我去看!"郗鉴来到王府,见王羲之豁达文雅、才貌双全,16岁的王羲之当场被郗鉴选为女婿。这便是"东床快婿"典故的来源。

第二章

汉字的载体和形式

在汉字的发展过程中,不仅仅是字形在随着政治、经济、文化等方面的发展而发展,汉字的书写载体、字形结构、文字含义、难易程度也紧跟民族的发展脚步发生着变化。这些变化,与社会的变化发展息息相关,在一定程度上反映了社会发展的过程,因而在研究它们的时候,不能脱离社会的发展变化去孤立地进行研究。

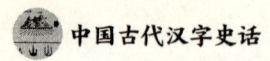中国古代汉字史话

第一节 汉字的载体

文房四宝"笔墨纸砚"是我国独有的书写工具，其中的"纸"指的就是文字的载体，也就是我们今天要讲的汉字的载体。汉字的载体并不是一成不变的，而是随着社会生产力的发展、书写工具的变化而变化的。比如，在毛笔发明以前，多采用铸刻的形式，或者用刀在龟甲兽骨、竹简木牍上刻字，或者用模具套铸到青铜器上；在毛笔发明之后，虽然仍旧可以书写在竹简上，但是也可以书写在较薄的丝绢、纸张上。在书写工具发展得相对成熟之后，还延伸出不同的行业偏好，有些行业喜欢用这一类材料、这一类文字书写，有些行业喜欢用那一类材料、那一类文字书写。就这样，"文房四宝"被带到并融入了社会生活的方方面面。

1. 陶器、甲骨、青铜器

陶器是指以黏土为胎，经过手捏、轮制、模塑等方法加工成型后，在800~1 000℃高温下焙烧而成的器具，在古代主要作为一种生活用具，在现在一般用作工艺品收藏。陶器发展时间久

远,在距今 15 000 年左右,中国南方可能已经开始烧制制陶的试验,到距今 9 000 年左右大致完成了陶器的发明和探索。

陶器,和甲骨、青铜器一样,可以说是文字在时间上发展最近的一类载体工具了。原始社会时期,类似文字的一些符号就是刻画在陶器上的,当文字产生之后,陶器自然会发展为其中一种书写材料。属于仰韶文化的"半坡彩陶",包含陶制水壶及碗等,在 1953 年首先被发现。这些陶器的表层为红色,并零星有一些独特的符号(半坡陶符)和动物纹、几何纹、编织纹等纹饰。关于这些刻写或绘写的图形符号,文字学家认为其中一部分已经具有文字性质,算是一种原始陶文了。

此后临近各省也发现了类似的陶器,但发现最多的是战国时期的陶文,这些战国陶文有刻写的,也有范印的。范印是像铃盖一样的印章,有正方形的,有长方形的,有圆形的,标注的大都是制作年份、地点、监造者、陶工籍贯姓名、置用地点等,不同地区的形体风格有所不同,但大都字体工整。

陶器能记录的内容,虽不像后世的纸张那样广泛,应用的程度也没有纸张、竹木简那样深入,但它对汉文字的萌芽和发展还是有很紧密的关系的。

甲骨作为书写材料,材料通常是龟的腹甲和牛等兽类的肩胛骨,书写方式有契刻,也有笔

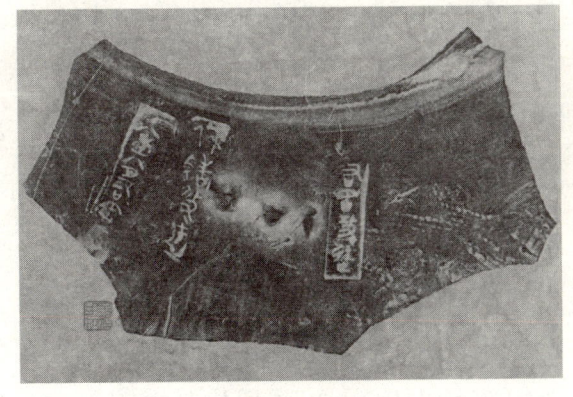

战国陶文拓片

写。这种契刻或书写于龟甲、兽骨上的古代汉字就是甲骨文，常见于商代后期和西周前期。

中国在新石器时代晚期就已出现占卜用的甲或骨，至商代甲骨盛行，到周初或更晚仍有甲骨。商周时期的甲骨上还契刻有占卜的文字——甲骨文。最早的甲骨发现于河南漯河市舞阳贾湖遗址距今7800—8600年的二期文化层和三期文化层。清代学者王懿荣最早发现距今3 000余年的河南安阳殷墟刻有文字的甲骨，殷墟出土的甲骨多达十数万片。围绕这些甲骨文，已经形成了专门的科学——甲骨学。

为什么甲骨作为一种书写材料，在商周时期会得到如此大规模的应用？这跟当时的社会风俗是分不开的。夏商周时期，中国古代先民崇尚占卜，他们占卜的工具是一些动物的骨骼。因为在他们眼中，动物作为一种生灵，具备沟通天地的能力，对于崇尚自然、喜欢向天问命的古人而言，兽骨自然是最佳的选择。因此，用于占卜的兽骨中，龟的腹甲是最多的，其次是牛的肩胛骨。当然，也有羊、猪、虎及人的骨头。

凡有占卜，皆有相，会出现对结果含有启示性、暗示性的现象，这些现象不同的占卜方法规定不一，但什么现象对应什么结果一般是事先规定好的。就像你抛一枚硬币，向老天问今天你要不要去做某件事情，如果抛出来正面就代表老天让你去做，如果抛出来反面就代表老天不让你去做。有了这个前提，你再抛硬币，根据抛出来的结果去决定就可以了。相当于把选择权全都交给老天决定。古人用甲骨进行的占卜可能稍微复杂一些，可能随着时间的发展，会将占卜事宜用文字的形式刻写在用来占卜的甲骨上，就形成了我们今天看到的甲骨文。

殷商时期巨量的甲骨的发现，让人们洞见，甲骨占卜在这一时期已经高度发展，与之相联系的甲骨文字在应用方面可能已经非常成熟了。

占卜用的甲骨

青铜器，是一种红铜与锡的合金制成的器具，其铜锈呈青绿色。中国青铜器的制造历史也非常久远，根据目前的历史发现来看，青铜器的制造发明和使用，对古人而言，其带来的社会生产生活的变化不亚于一次工业革命。我们古代传说中，有"禹制九鼎，以象九州"的说法，这里的鼎其实也许就是早期的青铜器。只不过在这一时期，青铜器可能还极其珍贵，还没有完全走进社会生活的当中。到夏商周时期，青铜器的铸造变得更多，也更重要，铸造青铜器的矿物材料甚至成为统治者不惜发动战争抢夺的资源。在这一时期，青铜器已经分属到生活用具和礼器这两个不同的领域，用来制造饮水器、食器、酒器、兵器等社会生活用具和武器，还制造一些重要的礼器，青铜器就像今天的铁铝合金一样已经深入人类社会生活的方方面面。到秦汉时期，随着瓷器、漆器在日常生活中的生产和使用，成本造价高昂的铜制容器开始减少，装饰也不再像从前那样繁复，胎体也更为轻薄，也不再广泛应用于社会的方方面面。

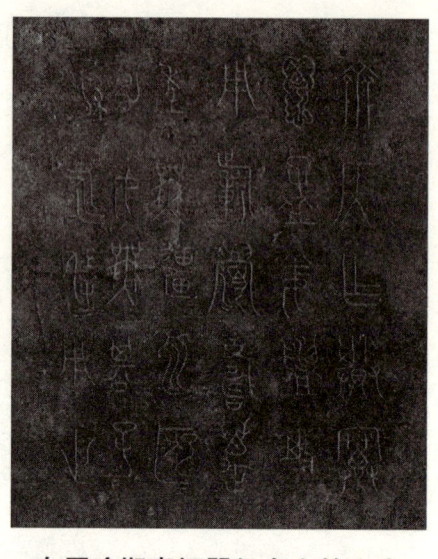

东周晚期青铜器侯盘上的文字

广泛使用的青铜器，在铸造过程中逐渐铸刻上文字，并且文字的内容越来越复杂，也越来越重要，最后甚至有了记事、宣扬功德、颁布法政的功能。铸造于青铜器上的这些文字被叫作金文，属于铭文的一种。对这些铭文的发现和研究，可以让今天的我们还原历史，知晓古人在中国这片土地上的发展成长历史。

铸刻铭文的青铜器

2. 竹简、木牍

简牍，分竹简和木牍。竹简，作为古代的一种书写材料，是指一片竹片，也叫汗简、杀青。之所以叫汗简，是因为竹片要制成竹简，需要去其竹汁，竹汁就是竹子的汗；所谓杀青，是指去其青皮。汉代刘向《别录》就有"杀青者，直治竹作简书之耳。新竹有汗，善朽蠹。凡作简者，皆于火上炙干之。陈楚间谓之汗，汗者，去其汗也"的说法。木牍：一块木板，谓之版；版上写字谓之牍。汉代王充《论衡·量知篇》中也有"断木为椠，析之为版，力加刮削，乃成奏牍"的说法。

将文字写在竹简和木牍上，就成了我们现在看到的古代文献——简策。简策是在文字发展成熟、文字使用普遍到社会众多层面的情况下形成的。它们的使用年代也非常古老。说到"汉字的起源"时，人们常爱引用《尚书·多士》中"惟殷先人有册有典"的说法，这里的"册""典"就是中国古代纸张发明以前的书籍。从甲骨文的字形来看，"册"好似一双手捧着册子阅读的样子。"殷先人"指的就是殷商时期的古人。孔子"韦编三绝"的典故中，"韦"是一种用牛皮做的皮绳，可以系连固定竹简成册，以便翻阅。"韦编三绝"是说孔子勤于读书，把用这种牛皮绳编连的竹简都翻断了三次（"三"在古代指多的意思；"三次"意为多次）。可见在春秋战国时期，简策已经是学者研究学习的重要书籍了，简策作为一种书写材料已经发展得非常成熟了。

竹木简策

目前发现的简牍文字,最早的是在战国时代。1979—1980年在四川省青川县一处战国墓中,发现了一块有字木牍,正反面可识字共有将近150个,内容是有关秦武王(公元前310—前307年在位)时期田亩制度的法令。20世纪50年代以来,在河南的信阳、新蔡和湖北的望山、包山等地墓葬中更是出土了不少战国中晚期的楚国竹简,内容多为亲友馈赠墓主的殉葬物品和其他用于葬仪的物品的清单以及有关墓主生前疾患、祷祝、占卜等方面的情况,也有一些法律文书。

研究这些简策上面的内容,有助于我们了解当时社会的经济、政治、法律等方面的状况,了解中国古代哲学、思想、文化等诸多方面问题。

3. 缣帛、纸

缣帛,是一种白色的丝织品,和纸一样,在古代可以作为一种书写材料,在上面书写文字或绘图。《墨子·尚贤下》就有"书之竹帛"的记载,意思是将文字写在竹或帛这类材料上,可见缣帛作为一种书写材料的起源也很早,也许和竹作为书写材料的历史不相上下。古人在缣帛上进行书写,就形成了我们今天所说的帛书。

缣帛作为一种书写材料,可能因为容易毁坏,或者因为造价太高,在古代的使用并不广泛,所以目前的帛书发现得并不多。存世最早的一件帛书,于1942年出土于湖南长沙战国楚墓,原件现藏于美国纽约大都会博物馆,书写的文字由3段行款不同的文字组成,讲述日月四时形成的神话、天象失常的灾祸、一年内各个月份的宜忌等,并配有神怪图形,是非常宝贵的古代天文历数著作,也是研究古代原始宗教迷信思想的第一手资料。

1973—1974年,湖南长沙马王堆汉墓中出土了惊叹世人的帛书,这些帛书中的文字约有十多万字,涉及六艺、诸子、术数、方技、兵书等方面的内容,其中可分甲本、乙本的帛书《老子》,是一种有别于今本《老子》的、极具文献价值的重要版本。

马王堆汉帛书《老子》甲本(部分)

就目前的情况来看，战国时期可能是帛书发展得比较成熟的时期。目前出土的这些帛书上的文字，基本上属于战国时楚国的文字。这些文字的结构或简或繁，一字多形，起笔粗重，收笔尖细，应该属于当时楚国的应用型字体。虽然出土的缣帛的数量无法与简牍相提并论，但是它作为古代贵一种重书的写材料，它的出现及所载内容都是富有价值和意义的。

纸作为一种书写材料，是我们现在最熟悉的了，它的使用和发展历史却非常的长，其生命力和实用性，是目前实物书写材料中最强的——轻薄，便于成本成册；制造简便，可以大量流通；便于书写，可以自由安置板块；使用寿命能满足普通读物的需求。

关于纸的发明，众所周知的是东汉人蔡伦改良了造纸术，降低了造纸的成本，使纸有了大量推广和使用的机会。根据出土文物显示，早在西汉文景时期，纸就已经被用来书写和绘图了，魏晋南北朝时期广泛流传使用。纸的出现，非常有助于文字功能的发挥，提高了知识的传播效率，对整个人类社会，尤其是人类社会文明的贡献是巨大的；能流传至今仍如此重要，也是它生命力的体现。

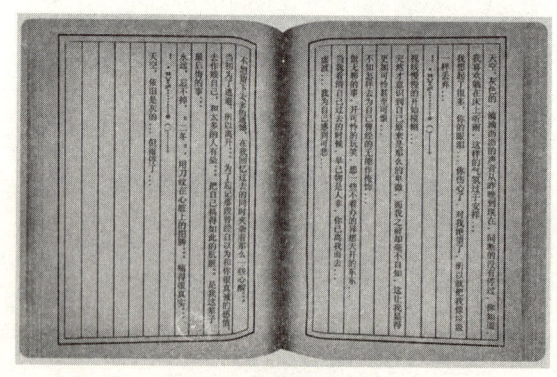

纸质书籍

虽然现代电子产品的出现在一定程度上分担了纸质图书的功能，但是仍无法彻底替代它的使用价值。或许有一天，它也会像竹简、青铜器一样退出历史舞台，由电子设备或其他书写材料替代，但它数千年作为人类文明、文化的载体，其光芒是永垂不朽的。

4. 玉石

玉，是一种特别的石头，因而玉和石是可以归为一类的。在这里，作为一种书写材料，玉和石都可供雕刻和笔墨书写。

从严格意义上说，玉雕不完全属于文字的书写材料，玉上更多的是图案，但文字作为古今通用的表达工具，在玉器上的雕刻也不少见。《红楼梦》中贾宝玉佩戴的玉上，正面刻着"通灵宝玉"，注云"莫失莫忘，仙寿恒昌"；反面注云"一除邪祟，二疗冤疾，三知祸福"。

从出土文物看，玉器的使用年代是非常久远的，上到新石器时代，乃至商周，都被广泛使用，并在漫长的历史发展过程中形成我国独特的玉文化。1977年，甘肃庆阳野林出土了一柄商代玉戈，这柄商代玉戈上刻有"乍（作）册吾"三个字，其中"作册"是官职名，"吾"是人名，这是迄今发现的时代较早的玉器上的古文字，这三个古文字的形体特点类似商代后期的金文。

1965年12月，山西侯马古代晋国境内出土了5 000多件玉石片，其中600余片上有相对清晰、可以辨识的文字。这批玉石上书写的字体有浓郁的地方特色，属于战国文字，用毛笔书写，多数为朱红色，少数呈墨色，书写的内容大多是春秋战国时期诸侯与卿大夫之间订立盟约时的誓词，也就是通常所说的"盟书"，因而这批有字的玉石片也被称作"侯马盟书"。

侯马盟书玉石片

石材，作为一种书写材料，我们最熟知的是春秋战国以石鼓文为代表的石刻和魏晋南北朝时期以碑刻为代表的石刻。其实，汉代极具特色的砖雕也可归属到石刻一类来进行研究。石刻在我国的发展没有像苏美尔两河流域的楔形文字那样——石制材料被用来当书籍材料进行书写。这可能是因为中国古代书写材料选择面更广，尤其是青铜器、竹简等在纸张发明以前也可以一定程度地充当书籍的书写材料，尤其是竹简在功能上几乎可以替代书籍了。也可能是中国文字的书写发展过程中，没有两河流域那样便利的取材条件去制作石板，因而石板文字没有苏美尔文化那么广泛和深入。

对传统文化有重要的传载意义的古代玺印，很多也都是玉石制作的。根据《国语》和《左传》记载，春秋时期各诸侯国公卿大夫之间交流用的书信，为保密起见，需要用印泥加封，盖上玺印一类的防拆封——这就是我们今天常说的印章。现存最早的玺印，大多是战国时期这种用来昭明信用的凭证。玺印的材料有很多，可以用铜、银、玉、石、骨等进行制作。它方寸大小，一般不超过4个字，或刻"阴文"，或刻"阳文"，并根据用途分为官名玺、私名玺、吉语玺、肖形玺、标识玺等五大类。不同时期、不同国家使用的字体风格不同、繁复程度不同，都承载了我国悠久的历史文化。

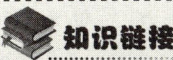知识链接

汉字为什么没有中断？

汉字之所以没有中断，有以下原因：第一，作为中华文化载体的汉字，是被各民族共同保护着的，它一直发扬光大，直到今天。第二，载体是文字书写的媒介，载体的笨重，是很多古老文字消失的直接原因，苏美尔的楔形文字是写在巨大的泥块上的，实用性没有得到加深。第三，如果文字被少数人垄断使用，就很难做到绵延不息，但汉字很早就走向了民间，民间重视文字的功能，自然会延续和保护它。第四，汉字是非常美的一种文字，它由图画文字演变而来，基本上保持着两维度的构形模式，因此很容易被美化为书法艺术之类，受到人们的珍爱。

第二节　表意字、假借字、形声字

文字，是既具有一定的形体结构、能表达固定含义，又有对应的音调、能够发音阅读、能够连贯起来记录语言的符号。也就是说，如果一个符号不能够记录语言，无论它多漂亮、形体结构有多完整，也不能被称为文字。因此，文字的形体和语言有必然的联系，文字是语言的载体，用比较专业的话叫作"文字是语言的再编码"。意思就是，文字实际上只是口语转化为书面语时的再加工，如果说语言是第一性的，那文字是跟着语言走的，是记录语言的第二性的符号。只有明确文字和语言的关系，才能清楚地判断一种文字的性质，并对它进行深入的分析。每一种文字都有自己的演变历史，它在诞生之后，能够随着时间的变化而发展变化。在汉字五六千年的使用和发展历史中，汉字的性质自然也是会发展变化的。下面，我们对这些变化分门别类进行介绍。

1. 表意字

语言的要素只有音和义两种，可以把跟语言紧密发展的文字分为两类：和语言的音相关联的文字，即表音文字；和语言的义相关联的文字，即表意文字。表意文字是根据语言的意义来构造形体的；表音文字是根据语言的发音来构造文字的。汉字是根据汉语的词义来构造形体的，属于表意文字。但要注意，表意文字不是说它记录的语言没有声音。

同时，与英语线性排列的字符形式不同，汉字在一个二维空间中记录一个词。因为表意文字从一开始就是因义成形的，它要把物象摹画出来，并以此积累符号。把立体的事物平面化之后，它一定是二维度的。因此，一个字无论怎么演变，它都处在二维的平面上，呈现出方块状。在方块字的二维空间中，汉字的构件通过位置的变化相互区别，并展现出不同的字义。

刚开始的时候，汉字有近似绘画艺术的作用，靠直观性和情节描述形象性，绘形越细致，信息量越大，也越准确，越便于沟通。比如，甲骨文中的"鹿"字有突出而伸长的鹿角，"虎"字竖着看就可以看到它突出的獠牙，"象"字突出了大象的长鼻子，"兔"字突出了兔子的短腿、短尾巴。

早期的汉字根据物象直接构形，是单独的图像和刻符。这和汉语的单音节特点是息息相关的，汉语一个字就表达一个意义、一个读音，字形较为简约，在这些字形上是体现不出声音的信息的。人们先创造出一个字来，说它表示老虎这个动物，然后才对应是什么读音，而不是先根据读音创造出一个字词，根据读出来的语音再说它表示的是老虎。

根据意义造字，把已有的字按照意义拼合起来，再造出新的汉字，这是汉字的原始积累阶段。由于中国文化对于意义的高度重视与细致把握的属性,使得汉字的表意性绵延不绝。

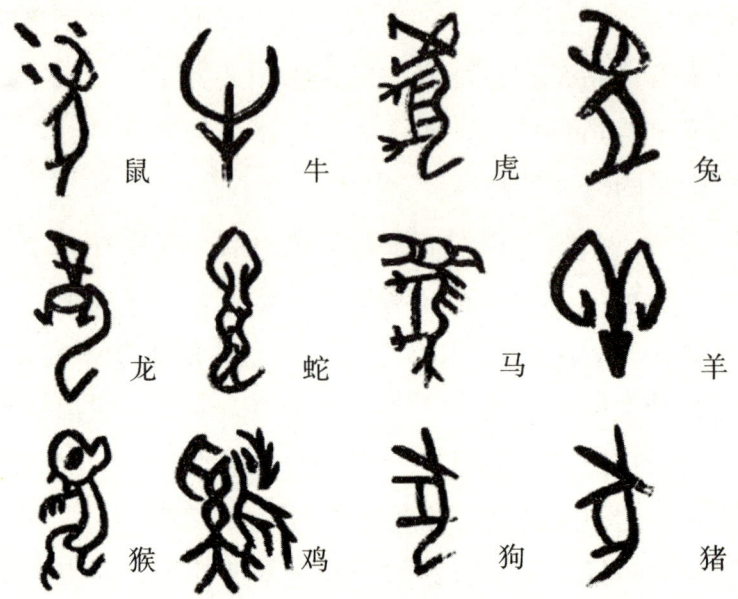

表意文字

研究之后,我们会发现,汉字有如下特点:第一,汉字是表意文字;第二,汉字是音节文字,一个字是一个音节,记录一个意义;第三,汉字是从古到今没有间断的文字,而且是方块字,可以在二维度中进行构形。

由于汉字的自源属性,在这种两维度的表意文字中,蕴含着深厚的文化内涵。汉字是中国历史文化的载体,符合汉语的特点,负载着中华民族深厚的历史文化。

2. 假借字

《说文解字·叙》中有:"假借者,本无其字,依声托事,令长是也。"从文字产生到今天,人类社会对文字的依赖和应用已经非常深入了，社会已经无法脱离文字还能充分运行。很多新生事物都需要造出新的文字去表达，但这种造字并不是孤立的，不是随心所欲就可以去创造的，新字需要根据一些造字的规律产生。但有些字即便利用一些常规的造字法也不能很好表达的时候，就出现了假借字。假借，就是从在已有的汉字中，选取读音相同的字进行记录，也就是"本无其字，依声托事"。

"我"，其实就是一个假错字，其在甲骨文中表示一种杀气腾腾的武器。但因为第一人称代词的我没有对应的字，就拿"我"字来用，之后"我"字就被占用了，无法再表达原本的武器之名了。原本武器的"我"如果还需要表达，只能另造一个，或者再去借别的字来表达。

"權（权）"，原本是一个形声字，本义为黄华木。黄华木材质极好，不管风吹雨打都不走形，常常被用来做秤杆。当"秤"和"秤锤"这种略抽象的含义需要用书面文字来表达的时候，就借用了"權（权）"来进行表示。而秤是最为公平、公正的，权柄、权力也带有这种特殊的要求，于是，"權（权）"又被借用了出来，最后演变出"政权""权力""权威"等多种含义。

"令""命"这两个字的甲骨文是同一个字，金文中出现一种加口的命（令）字，强调命令从口而出，隶变之后的楷书将"令"和"命"进行了分工，不过没有分家，而是以"命令"的形式合成词汇出现。但在之后，"令"被假借用在其他语音相同的词汇中，如"县令""太史令""司令"，还被借到了敬辞之中，如"令尊""令堂""令爱""令郎"等。

汉字中，类似上面这几种情况的假借字非常多，这也是汉字在漫长的历史发展过程中积累出来的。因此，要真正了解汉字、研究和学习汉字，必须了解汉字的演变发展历史。不然光从现代汉字的字形特点去分析，简直就是盲人摸象，是无法进行科学的研究，也无法得出科学的结论的。

有些假借字借了又还，有些假借字像击鼓传花一样一借再借，有些假借字一借不还。不对假借字的历史进行全面深入的研究，就很难通过现代汉字去阅读古代书籍，因为同一个字，不同的时代，可能意思完全不同。

最初的时候，假借字的产生可能是偶然的、个别的现象，但当人们发现用这种方法讲语言转换文字或创造一个新词汇越来越方便的时候，就开始自觉、主动地用这样的方法创造或发展汉字。假借字有很多优势：一方面使汉字的形体逐渐摆脱了纯粹作为表意系统的存在，转而具有表音功能，汉语中的很多语素都可以用汉字中音调相同的字借以表达其读音；另一方面，许多抽象的词可以用已有的汉字进行表示，拓宽了汉字的表达范围，完善了汉文字对汉语言的转述功能。

比如，甲骨卜辞经常出现的十天干、十二地支，很多都是假借来的。十天干中的"甲"，金文写作"囯"，其为外部像植物的果实，中间的纹理是果实成熟后裂开的口，本义为"植物种子、果实的外壳"，引申为"动物身上像甲壳一样起保护作用的外壳"组合成"甲壳虫"这样的词汇；后来又引申为"手指或脚趾末端的硬壳"组合成"指甲"这个词汇；再后来又表示行军打仗时士兵穿在外面保护自己的护身衣服，叫作"铠甲"。而用在"甲乙丙丁"中的"甲"跟它的本义和衍伸意义都没有关系，它是被借来表示十天干中第一个元素"甲"的。

有人做过统计,商代甲骨卜辞中10多万片甲骨中,每一片上的刻字都多多少少带着假借字,甲骨刻辞中,假借字的比例高达70%,可见汉字的声化在商代就已经相当普遍了。

汉字区别于表音文字的关键,在于它鲜明的表意性,所假借字为汉字形声字的大量出现奠定了基础,也为汉字发展作出了巨大的贡献。

六书

六书,指的是汉字的六种造字方法,它们分别是象形、指事、形声、会意、转注、假借。下面我们详细解说一下"六书"的含义。

象形 象形是用线条来描画实物的形状进行造字的,比如"目""耳""人""山"等字。

指事 指事是用象征性的符号来表示一个事物的意义,或在象形字上添加一个符号表示一种新的意义的造字法。比如,"刃"字是在"刀"的锋利处加上一点,指出刀刃的位置;"本"字则是在"木"字的下面加一横,表示树根所在。

形声 形声是将表意符号和表音符号组合成新字的的造字法,表意的部分叫形旁,表音的部分叫声旁。比如,"樱"字的形旁"木"表示它是一种树木,声旁"婴"表示它的发音与"婴"字一样。

会意 会意是用两个或两个以上的独体字会合起来,形成一个新字,表示一个新的意义的造字法。比如,"酒"字以酿酒的瓦瓶"酉"和表示液体的"氵"合起来表达字义;"鸣"字指的是鸟的叫声,因而用发声的"口"和"鸟"组合成"鸣"字。

转注 转注指同一词根分化出来的意思相同、用来互相解释的字。比如,"考""老"这两个的本义都是长者,"考"字的解释是"老也","老"字的解释则是"考也",这两个字是可以相互解释的。

假借 假借是指语言中的某些词有音无字,就借用已有的同音字来表示该字。比如,"求"原本的字义是指皮衣,借用给"请求"的"求"字使用;"莫"字原本表示黄昏,相当于现在的"暮"字,但被借用给了否定副词"莫"。

象形字"山"

3. 形声字

《说文解字·叙》中说:"形声者,以事为名,取譬相成,江河是也。"形声字,由形(形旁)和声(声旁)组成。形旁,也称形符或义符,表达一字之本义属性;声旁,也叫声符或音符,表示这个字的读音。比如"指"字,形旁为"扌",表示手,说明"指"字的本义与手指相关;声旁为"旨",说明"指"的读音与"旨"相同。

汉字中形声字占比较大,而在形声字中,一半是表示意义的义符,另一半是提示读音的声符。《说文解字》中的小篆,形声字就占到了 87% 以上。形声字,既有义,又有音,并且正在向表音文字发展,慢慢也许就会变成韩文或音乐那样的文字了。

早期的形声字,形旁主要是象形字,声旁常由象形字、指事字、会意字组成。后来的形声字,也有用早前的形声字做声旁的,比如"撷"字,形旁为"扌",声旁为"颉",而"颉"本身就是一个"页"为形旁、"吉"为声旁的形声字。

形声者的优点是:

(1)造字便利,懂一点形、音、义方面的汉字知识,就能按需造字,组合出无数个汉字来。随着社会的发展,新生事物的不断涌现,人们需要新造汉字来与之匹配,而一般的象形、指事、会意这 3 种造字方法限制颇多、造字繁杂,不符合书写简练、省时的要求,能表达的意思也有局限性,于是形声字自然而然就担当起造字的重任了。

(2)所造字的字义容易理解。形声字一般只要确定下形旁,这个字对应的意思就可以大致猜测出来了。

（3）形声字的形旁还具有感情色彩、区别性别等特异功能。有的形声字因为在造字时候的表意功能，让人看着就感受出其褒贬意味来。比如，"夷"由"大""弓"组成，高大凶猛的弓不离身，说明"夷"是粗野的；"戎"由"戈""十（盾牌）"相加，说明"戎"与战争或好战有关。

（4）形声字的形旁能区别性别。比如，五四运动以前，第三人称不管男女都写作"他"，但早在隶书的字库里就有指男性的"他"的身影和本义为女性专用的第三人称"她"了，且秦汉时代已经开始使用"她"了，只是后来两者的含义都被"他"字兼并。直到刘半农在北大任教时，才再次提出用"她"字指代第三人称女性，"她"字因此得以附庸。

（5）形声字的形旁能变成声旁。有时候，形旁在另一组汉字中也会充当声旁角色。比如，"木"在"林""松""枳""枫""果"中就充当了形旁角色，而在"沐""某"中却充当了声旁的角色；"目"在"盯""瞠""瞅""瞪"等字中担当形旁的角色，有虎视眈眈之义，而在"苜"等字中担当声旁的角色，意为响于耳旁。

形声字优点多多，其缺点也较为明显。形声字的缺点有两个方面。

（1）有些形声字的形旁不能准确表意。出现这现象的原因大致有几点：①随着社会的进步和发展以及人们观念的改变，一个字所反映的客观事物已经发生了变化，相应的字的形旁却没有随着改变。比如"碗"字从石，现在的碗大都由陶土烧制而成，按理应该从土，但现在用的还是从石的"碗"。②同音假借和词义的引申。比如"特"字,原指公牛,后引申为三岁小兽,再引申出杰出、特别、特效、特殊等含义。③有些形旁的设置原本就不合道理。例如,"玫瑰"两字本来指玉石,但后来借来表达花卉,单看"玫瑰"二字的字形是怎么也联想不到玫瑰花的。

（2）有些形声字的声旁表音不准确。随着时间的流逝,加上古今汉语语音系统的变化,形声字声旁的表音功能逐渐衰减,许多用作声旁的汉字（或偏旁）在传播的过程中走了调或错了音。

形声字

汉字的形声字之所以变化成目前的样子,原因是非常复杂的。最初造字的时候,选形旁相对不难,但找声旁不容易,有时候实在找不到的情况下只好选个音比较近的字替代。但随着时间的推移,一个字的声旁没有发生变化,而社会语言发生了融合和变化,语音也就变化了。有些由同一个声旁组成的字,读音却不相同了;甚至是同一个字,在表达不同的意思的时候,读音也不同了。有时候是人们在阅读的时候,产生了错误的读法,但是错得多了,也就默认成正确读法了,从而改变了原本声旁的读音。

另外，声旁和形旁没有固定的位置，即使知道某字是形声字也难以判定哪个是形哪个表声。形旁和声旁没有带上标志性的符号，形声字和会意字很难区分。省形、省声造成了形声字难识读。在汉字造字法中，经常会遇到省形省声。

形声字在汉字中的地位是非常重要的，形声化是汉字发展的一种趋势。在现代汉字中，无论是现代楷书，还是印刷古籍时传承的字形，形声字都已经接近90%了。

未来，形声字只会越来越多，对汉字造字规律的研究是科学地出现新汉字的前提。通过我们对过去汉字流传不息的原因来看，科学的造字方式也是其中比较重要的一个原因。因此，即便现在我们已经不再使用甲骨文、金文那个年代的语音说话，但还是能从它的字形结构推测出它所表达的含义——根本原因就在于其字形结构的规律性和科学性。

必须要了解的是：形声字的构字部件本身是表意字，是为了增加字符的意义信息而产生的构形模式。在产生之后，形声字的表意功能更加系统，但仍然是表意文字的一种类型，而不是表音文字。

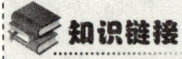

字体的形、音、义

讨论、分析汉字的内部关系，往往要结合汉字的形、音、义，也就是形状、读音、含义。形、音、义最理想的使用状态，是能够看到一个字的形状，就念出它的读音，想到它的含义。但汉字是自然发展出来的文字，不是一下子创造出来的,在漫长的发展过程中,形、音、义之间的互相交叉、互相作用,形成了异体字、异读字、多义字、同音字、同形字等复杂的现象。形、音、义之间复杂的关系可以做如下总结。

(1)如果一个字形只有一种读音、一个字义,就被称为单音单义字,这一类数量不多,多是不常用的专用字或较冷僻的字,如"氮""氨""氩"等。

(2)一个字形有不止一种读音,也不止有一个字义,就被称为多音多义字,如"少""差""单""都""斗""塞"等。

(3)一种字形有不止一种读音,但表示的都是一种字义,被称为异读字,这属于文白异读现象,如"薄"有"báo"和"bó"两种读音,但表达的意思是一样的。

(4)两种或两种以上的字形只有一种读音,并表示一种意义,这就是异体字。异体字也叫异形字、多形字,不同字形之间没有音、义的差别,如"岳"与"嶽"、"群"与"羣"等。异体字之间通常不会都作为正体字被认可,而是会被淘汰到只剩其中一种,这也是保持汉文字统一、有效的一种方法。

(5)同一种音、义,用不同的字形来表达,只是笔画的繁简程度不同的字,笔画简单的叫简体字,笔画复杂的叫繁体字。比如"汉"和"漢","汉"是简体,"漢"是繁体。在现代汉字中,繁体字被淘汰,简体字通行使用。

(6)字形一样、读音一样,但有多个字义,这就是多义字。例如,"花"在《新华字典》中列有7种意义,多义字的意义是指字的义项不止1个。

汉字形、音、义之间复杂的对应关系,反映出汉字记录汉语时在字形、音义上的矛盾关系,这也是学习、认读和使用汉字的困难所在。

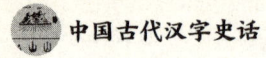

第三节 古今字、正俗字、异体字

汉字系统是个复杂而庞大的网络系统，随着社会政治、经济、文化教育、书写工具的变化，汉字体系也一直处于变化中。汉字随着时间变化的过程中，呈现出优胜劣汰的现象和规律，从而分化出古今字、正俗字、异体字等当下得到认可或不被认可的字体。如果我们想要很好地使用现代汉字、研究古代文献，就必须了解汉字系统内部的发展变化情况。但是，要了解汉字系统内部的发展变化，就必须具体而细致地从点画、部件到单个的汉字，再到字与字之间的关系，再从形体结构到书写风格进行全面的考察。下面，让我们一起来了解一下在文字系统发展过程中出现的古今字、正俗字、异体字的相关知识。

1. 古今字

汉字的发展可以分成两大阶段。第一个阶段的汉字叫"古文字"阶段，这一阶段的汉字是由线条构成的，经过规范的秦代小篆是古文字的最后阶段。第二个阶段是汉字的"今文字"阶段，秦代通行小篆，但同时也有隶书，小篆发生隶变之后，形成了后来的隶书和今天的以楷书为代表的今文字——今文字是经过规范之后逐渐发展出来的文字。

今文字是由笔画构成的。因为象形文字的象形性必须通过圆转的线条才能表达，所以汉字的象形性很难像英文字母的顺序那样保持形体的稳定。即使是相对稳定的今文字阶段，在汉字的构造中仍然可以见到因义构形的不稳定性。

从今文字上溯到古文字，组成汉文字的构件都是有一定含义的图形性符号，即一个字由能够体现该字义的构件组合而成。小篆、隶书、楷书系统中的文字都是一脉相承的，这种承袭特性不管是在汉字的古文字阶段，还是今文字阶段，都是不变的。

汉字，是我们的祖先集体创作的，并在后世由使用它的广大汉文化圈进一步塑造和发展。最初的时候，汉字系统或许还比较杂乱，许多汉字也仅在一时一地使用，没有得到推广和通行就消亡了。但也有很多文字因为书面的记录需求和持续的使用被保留、被推广开来，甚至一直发展到今天仍在使用。

语言，是伴随人类的产生而产生的，从50万年前的北京猿人、1.8万年前的山顶洞人，到了2 000多年前的春秋战国时代，人类的语言高度发达，语素词汇及其反映的概念也已经非常丰富了。按理来说，文字不应该止于目前的数量。

但通过对汉字演变规律，以及汉字的造字方法的研究之后，我们会发现：古代通用的汉字，常常身兼数职，一字多义，一词多义，同一个字既用来记录词的造字本义，又用来记录其引申义。并且，为了便于辨认、区别，人们还在原先的字上加上种种部首形成新的文字，如见—现，受—授，止—趾，等等。有的就变换原字的部首形成新的文字，如说—悦，赴—讣，陈—阵，等等。就这样，上述方法造出来的新字与原先的字就有了时间先后的差别，也就是古、今之别。那些原先的文字，可以视作古文字，那些新组出来的文字，可以视作新文字。今、古文字产生和演化主要是在秦篆隶变过程中开始发生的，因此才将这一时期作为汉文字古、今两个阶段的分水岭。当然，古、今之别不仅体现在汉字的造字、结构等方面，还因为这些新字足以区别古字所记录的词义，而这些新字也被叫作区别字。

虽然我们对古文字和今文字进行了划分，但是在今文字广泛使用的今天，古文字也被充分应用，已经和今文字一起融合成汉文字大家庭的一员了。这可能也是汉字具有穿越历史空间的生命力和魅力的一种体现吧。

在今字的形成过程中，发生情况最多的是：今字在古字的基础上添加具有某种含义的部件（即义符），原先的古字就成了今字的声符。当然，有的只变换了部件（即义符），但声符一般不变，以此组成新的形声字。因此，古今字之间，很多既有读音上的联系，也有形体上的联系——它区别于只是具有读音上的联系（音同或音近）的通假字（如蚤—早，矢—誓，信—伸，卤—鲁，等等）。因此，只有读音上的联系、没有形体上的联系的通假字之间，不能算作古今字。

《说文解字》中常有"古文"如何如何、"今文"如何如何的论述，这里面的"古文"和"今文"和今天的概念还是有一些差别的。《说文解字》里的古文包括战国时的六国文字、今文包括当时的俗体字之类的同时,也收录了一些现今意义上的古今字,如"知—智""昏—婚""反—返""错—措"等。这说明"今字"中的一些概念的形成和认知已有悠久的历史。

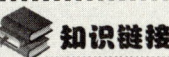知识链接

汉字的"异化"

同一字形,在组字的过程中所处的位置不同造成的字体结构的变异,叫作"异化"。异化的字形,是同一字形的构字亚种。汉字之所以异化,是因为任何文字,不管是繁复的还是简单的,都要有统一的规格、占用大小相同的面积,因而结构复杂的汉字为了能挤在一个方框中,同时实现汉字结构的美学的要求,使组字部件分布得适宜,从而使各部件产生了各种各样的错位。这样一来,同一个字,按照不同的方式进行分布之后,就出现多种"异化"类型。

2. 正俗字

在中国古代社会,和许多其他文明的文字经历过的一样,很长一段时间里,文字是作为一种统治工具,被统治阶级垄断和使用的,并被作为权力的象征,运用在庄重肃穆的场合——这也可能是文字大量出现在夏商周至关重要的占卜事宜之中的原因。在后来,因为统治阶层的推广,人民群众的参与,得到了更加广泛的运用,加宽了使用的幅度和范围,深刻地影响着人类社会的

发展。

但不管在哪个时代，到目前为止，为便于沟通，每一个时代都对文字的字体、字形、结构、书写风格进行了规范和统一，规范后的文字是官方认可和推广使用的，因此被视作正体。目前我们所知的最早的汉字正体是商代中后期青铜器上初具系统的铭文。这些铭文虽然简短，只是族氏名称（即族徽），带有浓厚的图画性质，但是都工工整整，刻画得一丝不苟，展现了器物主人及整个氏族的尊严。商王武丁时代殷墟早期的甲骨文，刻写的也大体是汉字的正体，有学者曾用"壮伟宏放"来形容这种正体的整体风格。

因为礼器多施于祭祀，祭祀是当时社会最重要场合，所以青铜器铭文中的这类正体保留得比较稳定。甲骨文多为宫廷或商王亲自所用，虽然也是用于占卜这种重要的事情，但是这一时期凡大小事都要占卜，甲骨使用的时效也较短，通常占卜一次就更换新的甲骨。由于占卜频繁，之后进行刻写的人员就不免讲求便捷，比如"马""牛""羊"等动物用字，只保留它们各自的"区别性特征"，能认出即可，而不会过于细腻地去描绘刻画，只要在官方（商王）认可的范围内就可以，于是"马"字就被刻写成"手"等。慢慢地，汉字正体就出现了变体。

相对于商王等最高统治者的"正"，刻写文字的下层文职人员，例如一般的史官、卜筮人员之类的，就是比较大众化的"俗"。相应的，他们刀笔下的汉字就分别形成了正体和俗体。

根据对考古发掘出来的甲骨文的研究发现，随着商王朝的逐渐衰落，甲骨文明显逐渐俗体化。而隶属于殷商王朝地方政府的

第二章 汉字的载体和形式

周原（周王朝的早期势力范围），虽然也使用甲骨文，但是刻写上更加追求简便、快捷，形体方面也有不少变化，汉字俗体化的趋势更加严重。

从汉字的历史发展规律来看，某一时期的俗体字很容易在后来取得正体字的地位。在这个过程中，政治教化发挥了巨大的作用。比如，周灭商，并取得中央政权之后，王朝礼器上的铭文就出现了不少原先只见于周原甲骨文的俗体字。秦朝统一文字为小篆，小篆在这一时期作为官方正体字，在形成过程中同样吸收了"商鞅方升"之类的民间俗体字铭文。

就这样，随着新的正体字的推广使用，新的俗体字又不断产生，比如，很多殷墟甲骨文的俗体字到西周、春秋时期的金文中就成了正体字；西周、春秋时期的金文到战国文字，又有大量俗体字转换为官方正体字；隶书在作为汉代正体字之前也是秦代的俗体字——由秦隶隶变而来；今天广泛使用的楷书也是从末期汉隶的俗体字，经历魏晋南北朝的演变才定型的；在北魏的碑铭中的许多俗体字也在行书、草书中得以保留；楷书作为正体在唐初成熟之后，在民间随即又有俗体字产生。

因此，正体、俗体之间是对立统一的，它们此消彼长地相互转换，是贯穿汉文字发展的重要线索。

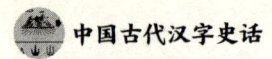

> **知识链接**
>
> **汉字的"同化"**
>
> 汉字的"同化"指来源不同的字形,因构件搭配的位置关系,在改造字形的过程中发生的混同现象。虽然它与"异化"现象截然相反,但是导致变化的原因大致一样。不过,同化的原因与异化的原因相比有一些差异,那就是:"异化"中起决定作用的是位置和搭配;"同化"中起决定作用的则是书写运动生理。

3. 异体字

异体字,是指一组音义完全相同而字形不同的字,这一组字在任何情况下都可以互相替代。汉字历史悠久,造字方法也很多,在不同时代、不同地区都可能产生不同的汉字形体,比如甲骨文中的"兄"字就有35种不同的写法,金文中的"贝"字有60种不同的写法,"窗"字在后世也有"窓""窻""牕"等多个异体字。异体字繁多,使历代的字量不断增加,造成了用字的混乱,并不利于学习和阅读,影响文字的通行。因此,很多异体字并没有存在的必要。

秦统一中国后,提出"书同文",对汉字进行了一次大规模整理,包括淘汰大量的异体字,使纷繁杂乱的六国文字有了明确的规范。此后的2000多年中,汉字的数量持续增加,异体字一批一批地产生,又一批一批被淘汰。直到今天,异体字的整理工作仍在进行。

异体字产生的原因有很多，比如：

（1）在用汉字记录汉语言的时候，不同地方、不同的人在最初记录某个读音的字或词时，会使用读音相同但形态不同的字来表示。在书写记录的时候用的都是同一个读音，所表达的意思也相同，但用字不一样，并且都是得到承认并获得通行的，那这些字之间就形成了相互异体的关系。

（2）在造字的时候（运用"六书"造字法时），运用了不同的造字方法。比如，岳（会意）—嶽（形声）、泪（会意）—淚（形声）。

（3）在造字的时候，运用了同一种造字方法，但使用了不同的部件。比如，猪—豬、敕—勅、踪—蹤，相互之间都是形声字，但前两组是形符不同，后一组是声符不同。

（4）在造字的时候，运用了同一种造字方法，使用相同的部件，但同一部件的写法有所不同。比如，花—茶、恒—恆、朵—朶、污—汚—汙。

（5）在造字的时候，运用了同一种造字方法，使用相同的部件，部件乃至点画的写法相同，但排列的位置不同。比如，群—羣。

在这里，需要注意的是：有时相同的部件构成的字，排列位置不同，音、义也完全不同的两个字之间，绝对不会是异体字。比如，"猶"和"猷"组成结构一样，但音和义不同，是两个不同的文字。

另外，有些字虽然可以记录同一个词，但是它们各自又有特定用法，不能完全通用，也是不属于异体字的。比如，"游"和"遊"等。

> **知识链接**
>
> ### 汉字的"类推律"
>
> 在文字字形演进中，人们常常用熟悉的字形推衍不熟悉的字形，用简单的字形推衍较繁复的字形，用常见字形、多数字形去推衍少见字形、少数字形，从而使其形式趋于一致，这种由此及彼的运动我们称之为"类推"。在汉字字形同化和异化的过程中，除了方化汉字构字的"平衡律"与书写过程中的生理因素外，"类推律"的推理思维也是决定汉字字形的关键。在汉字字形的演变过程中，几乎都有"类推律"的参与，它使文字在纷纭复杂的变化中保持一定的规则，在多样中保证字形的相对统一。行款的形成、线条的整齐化、笔画的形成、文字的组织和变化、简化和繁化等都有它的干预痕迹。

第四节　繁简字

繁简字，就是同一个字可能有一种或多种写法，有的笔画多，有的笔画少，笔画少的叫作简体字（简化字），笔画多的叫作繁体字，有的简体字（简化字）是由繁体字简化而来的。繁体字与简体字是两种完全相同含义和读音的文字，只是笔画的繁简程度不同而已，比如"亂—乱""啓—启""氣—气""網—网"，等等。

汉字是为了记载信息、记录语言而产生的文字，使用价值是它最重要的属性，也是它长盛不衰的立足根本。如果有一天，语言或信息不需要以文字的形式进行记录了，那文字迟早会像一些文物一样退出人类历史的舞台。

1. 推行简化字

大家都知道，我们现在通行的是简体字，在此之前笔画复杂的字我们都叫作繁体字。但是，字体的简化并不是当代才有的现象，早在甲骨文中就时常会有简化字体进行书写的情况。因此，对繁简字的判断一定要建立在深入的认知和研究的基础上，才有可能科学。

如果说早期的，比如甲骨文的简化是偶然、自然地发生的，那后期的统治阶级或政府有意识地进行的简化字的推广就是人为的、必然的。在各个历史时期都能看到简化汉字的身影，根本原因是由汉字的使用属性决定的。人们使用汉字的时候，为求书写简便，常给笔画繁杂的汉字另造一个简体字来替代，就造成了繁体字和简体字在民间并行传播的现象。

在甲骨文中，一个字也常常有简体、繁体两种不同的写法。宋朝以后，印刷术改进、书籍大量刊行、民间文学繁荣，简体字有了发挥和发展的空间，于是逐渐在民间流行开来。在古代文

汉代乙瑛碑

献及书法作品中,也常常可以看到礼(禮)、云(雲)、尔(爾)、无(無)、后(後)、据(據)、头(頭)之类的简体字。汉字不同的书体之间,也普遍存在繁简体并行的现象,比如草书就最大限度地减省了笔画,在后来的发展过程中,不少草书的形体被行书、楷书吸收,成为社会普遍接受并通行的简化字。比如,专—專,书—書,马—馬,等等。

在古代,简体字流行于民间的时候,通常在账簿、当票、药方、小说、唱本等方面使用,因为不作为正体推行,也没有受到太多的重视,使用者也仅以简便、能记事为重,并不去深究专业对错与否。即便历代统治阶层为了巩固文字的统一性,避免文字分化,造成沟通不便,不利于统治,没有承认简体字的合法地位,但简体字因为使用和学习简便,在民间有群众基础,简体字运动也一直在民间进行。因此每当改朝换代的时候,不仅其他政治法律等方面的制度会有变动,新的统治者也会借机推广有广大群众基础的新字体。当然,新政府推行简化字,有时候不仅是因为政治原因,还考虑到社会经济和文化方面的原因。比如中华人民共和国成立之后的简化字推行,最根本的原因就是解决民间百姓识字率太低、不利于社会发展的问题,

第二章 汉字的载体和形式

为了让人们学起来更方便，最大限度发挥文字的本质功能，才删繁就简，推行简体字的。

推行简体字，并不代表不重视繁体字。要知道繁体字承载了大量的文献记载，具有非常重要的价值，一旦丢失或者断了传承，它对文化的记录功能就会被削减，甚至消灭，影响文化的延续。因此，在推行和实行汉字简化的时候，一定要考虑到这些影响，采用科学合理的方法进行汉字简化工作。

简化字，顾名思义就是简单化。推行简化字，就是有意识地、有规模地对文字进行简化，便于人们学习和掌握文字这种记录工具，使文字的使用属性得到提高，优化文字的功能，保持文字的使用寿命。因此，汉字简化的推行，不仅要精简汉字的笔画、精简汉字系统的字数，还要确立一个明确的字形精简规范。推行简化汉字，主要强调的是减少笔画，但并不是一味地减少汉字的笔画，而是遵循着"约定俗成"的原则，尽可能有章可循。这是因为，很多简化字并不是新创的，是之前就存在并简化，甚至已经流通了的简化文。其中的一些源自古代的草书文字，还有一些是"古本字"和"古通用字"，比如简化字"无"在汉碑中就已经大量使用了。根据李乐毅1996年的统计，现行的简化字吸收的古代简化汉字中，先秦两汉时期的有164个、魏晋南北朝时期的有32个、隋唐时期的有29个、宋元时期的有82个、明清时期的（包括太平天国使用的）有53个、民国时期的有60个。这些简化字都是有一定的群众基础的，包含了群众自己创造出来的，也包含了知识分子和艺术家创造出来的。在推行简化字的时候，需要尊重历史与文化，兼顾简化汉字的实用性与有效

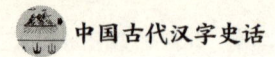

性，要在理论和实践的指导下进行。

因此，在汉字简化的过程中，科学的汉字简化方法可以归纳为以下几种：

（1）草书楷化。比如，專—专，長—长，為—为，樂—乐，等等。

（2）同音替代。比如，後—后，發—发，麵—面，等等。

（3）减省笔画。比如，廠—厂，開—开，時—时，飛—飞，等等。

（4）简化偏旁。比如，雞—鸡，趙—赵，戲—戏，等等。

（5）会意法简化。比如，淚—泪，筆—笔，等等。

（6）形声法假话。比如，驚—惊，郵—邮，態—态，擔—担，等等。

（7）直接从古代的简化汉字中吸收使用。比如，豐—丰，從—从，雲—云，網—网，等等。

总之，简化字能够让汉字的使用更加方便快捷，扩大汉字的使用范围，增强汉字的影响力。但汉字的简化要求顺应时代的发展，不能为了简化而简化，影响文字的记录功能，或者使文字的文化传承功能大打折扣，否则就得不偿失了。

2. 支持与反对——汉字简化的两种态度

（1）支持汉字简化的主要观点。

通过前文，我们知道汉字简化不是现代才发生的事情，从甲骨文到楷书，汉字的演化过程就是一个不断简化的过程，而且国内及国外汉文化圈中使用的汉字也都有汉字简化的情况。汉字简化,似乎是大势所趋。针对这一情况,支持汉字简化的学者认为,汉字简化是顺应自然的,正常且科学的事情,至少认为是利大于弊的。除中国内地外,新加坡、马来西亚等国都在简化汉字,汉字简化是大势所趋、人心所向。

鲁迅先生在《门外文谈》中谈道:"古人是并不愚蠢的,他们早就将形象改得简单,远离了写实。篆字圆折,还有图画的余痕,从隶书到现在的楷书,和形象就天差地远。不过那基础并未改变,天差地远之后,就成为不象形的象形字,写起来虽然比较的简单,认起来却非常困难了,要凭空一个一个的记住。而且有些字,也至今并不简单,例如'鸞'或'鑿',去叫孩子写,非练习半年六月,是很难写在半寸见方的格子里面的。"

汉字诞生之初,为了提高识别的清晰度,让每一个汉字都能准确表达事物的唯一性,经历过一个由简到繁的过程。在这个过程中,刻画工具的质量和刻画的技术都需要相应提升。比如,原来代表闪电的"申"字演化成"電"。但文字结构繁杂之后,学习和书写的负担就会加重,因而从汉代开始,汉字总体上由繁向简发展。这一发展过程,是讨论汉字繁简问题必须了解的大背景。

繁体的"滅",又是"水(氵)"又是"戈",兴师动众来表达它的意思,而简体的"灭",火上一横可以理解为土,也可以理解为水,还可当作其他能够灭火的器物。由此看来,"灭"比"滅"所表达的意思来得更直截了当、快速有效且简便易学。为什么不能通行呢?

而且,简体字基本源于民间已经流传的写法,其中一些还来自古体，并不是凭空创造的。即便认为简化，也有一定的规则，并没有脱离传统汉文字圈另行创造。

因此，支持汉字简化的学者认为，推行汉字实际上是继承和发扬老祖宗的智慧的行为，对历史文化有一定的影响，但积极的因素更多。我们不能抱残守缺，不考虑时代的要求就一成不变地继承过去过于繁杂的繁体字。

另外，汉文字学习的难易程度，直接影响汉字在民间的普及，影响知识和文化的传播。对于全民都需要认识文字、学习知识的今天，一种需要花费大量时间才能学会的文字就是只拦路虎，不利于社会的发展。汉字太复杂的话，普通的、没有机会接受深入教育的百姓，也很难通过短期有效的学习掌握基本知识，提升自己。而简化字，可以解决这些问题。

《人民日报》（海外版）在1992年6月17日发表《敬告读者》的文章：海外版自创刊以来，一直使用繁体字。考虑到简化汉字是历史发展的趋势，促进语言文字的规范化、标准化是我们义不容辞的责任。因此，我们在使用繁体字的同时，开辟了《名人名言》繁简对照，《中国古诗文选读》繁简对照栏目，以使海外华人华侨逐步了解和熟悉简化字，为使用简化字做好过渡工作。经过7年努力，使用简化字的条件基本成熟，同时越来越看到简化字已成为世界绝大多数华人所接受的事实，因此，本报编辑部决定自下月起使用简化字。

在数字化普及的今天，尤其是手机等文字载体，受屏幕限制，文字所占面积越小，可载信息量越大。简化字笔画简单，较为清楚，也便于阅读。

以上就是支持汉字简化的人的理论观点。

（2）反对汉字简化的主要观点

也有学者认为，汉字简化，会使古汉字所载的文化失去传承。只顾眼前推广的简化字，很有可能断了汉字所载文化的传承，是得不偿失的行为。比如：

①汉字简化后，割断了中国五千年来文化传承之脉，致使国人无法直接阅读古代的典籍，更别说理解它渊深的奥义，并将其发扬光大了。

②不利于与汉文化圈中没有实行同等汉字简化的地区进行文化交流，造成文化阻断，很可能缩减文字所在文化的活力和寿命。

③有些简化字违反"六书"的造字原则，将汉字系统变得更加繁杂，增加了后人对汉字历史和传统汉文字的理解和学习难度。

④虽然有些简化字来自草书等书法艺术的简写，但是有些简化字的设计不够严谨，简化之后失去了原字书体的美感，用行书、楷书、隶书等方式进行书写的时候美观度不够，致使很多书法家都会选择繁体字进行书写。

⑤虽然繁简体在手写的时候会存在速度差异，影响实用效率，但是现代科技发达，用计算机等电子软件输入汉字的时候繁简体之间并没有明显的差异，因而简体字的简化在使用方面也没有呈现出多少优势来。

⑥人们在屏幕上阅读时，汉字不论繁简，不必每笔都仔细看清，瞄一眼轮廓就懂了。有时候连文字前后颠倒秩序、偶尔出现

错字别字都不影响阅读。但汉字的简化，把很多意思毫不相干的字，仅用一个读音相似、笔画较少的字来替代，人为地制造"别字"。比如，"只有"的"只"和"一隻"的"隻"；"頭髮"的"髮"与"發展"的"發"。不但使文字系统更加复杂，而且增加阅读错误的风险，是文字发展中的严重倒退！

根据以上理论观点，有的学者反对人为推行汉字简化。

3. 近现代的汉字简化

近现代，清末陆费逵首次提出应当使用俗体字普及知识教育，但在当时的社会背景下，这种提议没有产生太大的影响。但新文化运动推动了汉字简化运动的发展。1920年，钱玄同在《新青年》发表了《减省汉字笔画的提议》，认为汉字阻碍了文化的发展，需要改良。1922年，钱玄同在国语统一筹备会第四次大会上提交了《减省现行汉字的笔画案》，文中介绍了8种减省笔画的方法，并主张把过去通行于民众社会的简体字拿来应用。但是由于保守势力的反对、简体字自身研究的不足以及政府的不支持等原因，简体字的推行障碍重重。

1936年初，国民政府停止汉字简化工作。这一阶段的简体字改革始终处于汉字拼音化改革的从属地位，具体操作时，有些简体字破坏了汉字固有的结构，反而给使用者带来了学习和使用上的困难。但它为简体字所做的各种理论探讨和实践为中华人民共和国成立之后的汉字简化工作积累了宝贵的经验。

其实，汉字简化的尝试工作并没有中断，而是由国统区悄然转到了解放区。在新民主主义革命时期，毛泽东曾说："中国历来只是地主文化,农民没有文化……农村里地方势力一倒,农民的文化运动便开始了。"1939年4月,毛泽东在为延安《新中华报》题词时也强调要"为消灭文盲而斗争"。长征胜利到达延安后,毛泽东最先签名的时候用的是繁体字"澤東",后来改为了简体的"泽东",可见在这一时期,毛主席对繁简体字的推行是做过深入的了解和思考的。

(1)中华人民共和国第一次汉字简化。

1949年8月,当时的华北大学校长吴玉章给毛泽东写了一封信。吴玉章在信中写了三方面的问题,其中第三个就是:为了有效地扫除文盲,需要尽快进行文字改革,"整理各种汉字和简体字,作为通俗读本之用"。毛泽东看完这封信,当即把信批转给郭沫若、茅盾等人研究,并要求限期拿出相应的方案来。

1949年,中华人民共和国成立,全国5.5亿人口,有4亿多是文盲,文盲率达到了80%。国家要想在政治、经济、文化方面有所发展,就必须培养一大批有文化、有知识的劳动者,推行文化知识的教育普及工作。但当时的汉字笔画多、结构繁杂,是推行普及教育、促使人们进行文化学习的一大障碍。加上劳动者忙于生产,没有太多时间学习,汉字简化就成了一项极为迫切的政治任务。

在这样的大背景下,1949年10月10日,也就是中华人民共和国刚刚成立10天,中国文字改革协会就宣告成立,承担了继续研究、整理简体字的任务。当时,有关部门设定了一个目标,就是把常用字的笔画减少到10画以下。

1951年,在《常用简体字登记表》的基础上,依据"述而不作"的原则，根据征求到的意见，拟出了《第一批简体字表（初稿）》，收字555个。

1952年2月5日，主管文字改革事务的国家专门机构中国文字改革研究委员会（简称文改委）宣告成立，同年3月25日成立了汉字整理组。

1952年下半年，《常用汉字简化表草案》第一稿拟出，收字700个，并呈送毛泽东。毛泽东阅后提出：要在形体上、数量上同时精简，一个字可以代替好几个字。

1953年11月，《常用汉字简化表草案》第二稿拟出，收字338个，文改委对此草案提出了类推简化的要求，即简化后的汉字在作为偏旁时也应该相应简化。

1954年2月，《常用汉字简化表草案》第三稿拟出，根据类推简化的要求将字数扩大到了1 634个。

1954年6月，《常用汉字简化表草案》第四稿拟出，收印刷体简化字600个和手写体简化字1 800个。

1954年9月，《常用汉字简化表草案》第五稿拟出，即《印刷字体整理表》，该稿在第四稿的基础上将整理范围扩大到了4 120字，还撰写了手写体，编成了《手写体表》和《书写字体偏旁类推表》。

1954年底，文改委在《第一批简体字表》的基础上，拟出《汉字简化方案（草案）》，收字798个、简化偏旁56个，并废除了400个异体字。

1955年2月2日，《汉字简化方案（草案）》在中央一级报刊上发表全文，并把其中的261个字分三批在全国50多种报刊上试用。

1955年7月13日，国务院成立汉字简化方案审订委员会。

1955年10月15日，举行全国文字改革会议，这是中国历史上第一次全面地讨论文字改革问题的全国性会议。会议提出"约定俗成、稳步前进"的汉字简化八字方针，这一方针一直到今天仍在使用。会议还讨论通过了《汉字简化方案（修正草案）》：《汉字简化方案（草案）》经全国文字改革会议讨论通过，修改后经国务院汉字简化方案审订委员会审订。这次会议，标志着中华人民共和国文字改革工作研究准备阶段的完成，开始进入全面实施阶段。

1955年10月，教育部、文字改革委员会联合举行全国文字改革会议，研究解决普通话的推广和汉字的简化问题。

1956年，《汉字简化方案》由文字改革委员会提出草案，经全国的文字学家、各省市学校的语文教师以及部队、工会的文教工作者约20万人参加讨论，在国务院全体会议第23次会议上通过，并由国务院颁布实施。《汉字简化方案》中的简化字数为515个，简化偏旁为54个。同年1月31日，《人民日报》全文发表了国务院的《关于公布〈汉字简化方案〉的决议》和《汉字简化方案》，在全国推行。同年2月1日起，全国通用。

这时推行使用的简化字，与相对的繁体字之间存在的种种关系，我们可以大致归纳为以下三点。

第一，大多数繁简字是比较单纯的一对一的关系。比如，爱—愛，笔—筆，罢—罷，习—習，等等。

第二，繁简字虽是一对一的，但有特别用法的，仍不能被简

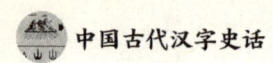

体字代替。比如,云—雲,"云彩"或"雲彩"都可用,但"子曰诗云"的"云"不可用"雲"字;后—後,"前后""前後"都可用,但"皇后"的"后"不可写作"後",等等。

第三,繁简字是多对一的关系,多个繁体字不能通用或混淆,比如,发—發(发射)、髮(头发),干—干(盾牌)、乾(干净)、榦(树干)、幹(干劲),等等。

至此,新中国第一次汉字简化告一段落,简化字变成了中国的规范文字,原来传统的汉字就变成了繁体字。

(2)中华人民共和国第二次汉字简化。

1962年,为了解决《汉字简化方案》在推行过程中发现的不妥之处,中国文字改革委员会成立了总结、修订《汉字简化方案》小组。

1963年2月,《汉字简化方案》的修订工作完成。

1964年,在《汉字简化方案》的基础上又出版了《简化字总表》,对汉字简化偏旁进行了调整和类推,使简化字的数量由515个增加到了2 236个。

1964年5月,中国文字改革委员会在长期实施以及多次修改的基础上,编辑出版了《简化字总表》,作为使用简化字的统一规范。

1971年,文字改革工作和其他许多因为政治动荡的原因中断的工作得以恢复。

1972年3月,文字改革办公室设立。次年,经周恩来批示,文字改革办公室恢复了"中国文字改革委员会"的名称。

1972年4月,针对当时社会上许多自发简化的现象,郭沫若先生在《红旗》杂志上发表了《怎样看待群众中新流行的简化字》的通信,指出"从事文改工作的人,应该经常注意民间的简化汉字,吸取其可取者而随时加以推广。国务院所颁布的简化汉字,是应该随时增加的","遵循毛主席教导,即'从群众中来,到群众中去'","在汉字拼音化之前要经历一段长远的过渡时期。在这过渡时期中,为了减少汉字在使用上的困难,故进行了汉字简化和减少字数的工作","民间对汉字纷纷简化,这正表明汉字必须简化"。此文一经发表,便在社会上引起了强烈反响。

1972年春节刚过,郭沫若登门拜访叶籁士,告诉他周总理给他安排了新任务。从此,叶籁士正式接手"二简字"起草工作。很快,文改委开始向全国征集新的简化字。"一简"时期一些未被采纳的方案也摆到了桌面上。(叶籁士,原名包叔元,17岁留学日本时就参加了日本的左翼世界语运动,回国后继续投入世界语运动,同时积极宣传改革汉字,投身汉字拼音化运动)

1975年5月,文改委经过3年的整理研究,拟出《第二次汉字简化方案(草案)》,确定了111个简化字,报送国务院审阅。4个月后,国务院办公室转来周恩来的批示:"第一批已经公布这么多年了,这次为什么简化这么一点?"

1977年5月,文改委修订后的草案再次报送国务院审阅,此次的草案仅第一表就有248个字。但此时,毛泽东、周恩来均已去世。5个多月后,国务院批示:草案可在《人民日报》及省一级报纸上发表,征求各界意见;其中第一表的字,自草案发表之日起即在图书报刊上先行试用,在试用中征求意见。

1977年12月20日,《人民日报》等报纸发表了修订后的草案，第二天就开始试用第一表的字。

但是，由于第二次汉字简化的幅度过大，步子迈得有点急：不仅字形夸张（如"展"变成"尸"），有的由于一些字简化采用同音相替，顾此失彼，容易产生误解，例如，"年龄""军龄"的"龄"都简化成了"令"，于是"军龄"就成了"军令"；"菜""蔡"都简化为了"牙"，更是难以理解和使用。有学者批评说是天理难容，对第二次汉字简化的反对之声也越来越响亮。

1978年3月4日，胡愈之、王力、周有光等23位语言学家和著名人士，联名给第五届全国政协秘书处和第五届全国人大第一次会议秘书处写信，要求第五届全国政协和第五届全国人大的主要文件不采用草案第一表的简化字。

1978年3月2日，教育部发出通知，要求全国统编的中小学各科教材从当年秋天一律试用第一表的二简字，各省区市当年秋天自编的教材全部试用草案第一表的二简字。4月17日，教育部又发补充通知，说当年秋天供应的教材，凡未发排的，不再使用新简化字，仍用原字进行教学，再版时改用原字。

1978年7月，中共中央宣传部通知《人民日报》、新华社、《红旗》杂志、《光明日报》以及有关的出版社停止试用新简化字。8月之后，全国的图书、报刊不再使用二简草案第一表的简化字。

1980年3月，国务院对文改委实行改组，同时任命了胡愈之、张友渔、吕叔湘、王力、叶籁士5位副主任，增补了周有光等多位委员。在第四次主任会议上，决定成立专门的草案修订委员会，由王力和叶籁士主持。

1980年7月—1981年6月，召开了9次会议，对草案所列简化字逐字进行审议。有了前面的教训，这次的修订委员会工作非常谨慎，依据约定俗成和合理简化的原则，又综合之前各界对草案提出的意见，于 1981 年 8 月制定出《第二次汉字简化方案（修订草案）》，共收简化字 111 个，删除了 100 多个饱受各界批评的"二简字"。

1984 年 2 月，经多次讨论后，文改委决定《第二次汉字简化方案（草案）》不再作为修订方案公布，而拟作《增订汉字简化方案》发表。新方案保留了修订草案的 111 个简化字，并对 1956 年公布的《汉字简化方案》中的 6 个字进行了调整，但 9 个月后的主任扩大会议又否定了对这 6 个字的调整，认为《汉字简化方案》已经推行近 30 年，群众早已习惯，不必再引起使用上的困难再进行调整。

1985 年 5 月，新的《增订汉字简化方案（草案）》出台，全国人大和全国政协分别召开座谈会进行讨论，但座谈会上人们的意见并不一致，有的主张尽快定案公布，有的则认为不宜急于公布。

1985 年 12 月，国务院通知，决定将中国文字改革委员会改名为国家语言文字工作委员会（简称国家语委），强调国家语委要"促进语言文字的规范化、标准化"。时任中共中央总书记的胡耀邦亲自主持中央书记处会议，并说：已有的简化成果要稳定下来，规范用字，不准任意简化，拉丁化拼音只作为语音符号使用。

1986 年，国家语言文字工作委员会重新发表《简化字总表》，对个别简化字做了调整，实收 2 235 字。

1986 年 6 月 24 日，国务院正式发出《批转国家语言文字工作委员会〈关于废止第二次汉字简化方案（草案）和纠正社会用字混乱现象的请示〉的通知》，决定自通知下发之日起，停止使用"二简"方案（草案）中的简化字。至此，文字拼音化的大旗正式被放倒了。

1986年10月10日，国家语言文字工作委员会重新发表《简化字总表》并做了如下说明。

为纠正社会用字混乱，便于群众使用规范的简化字，经国务院批准重新发表原中国文字改革委员会于1964年编印的《简化字总表》。

原《简化字总表》中的个别字做了调整。"叠""覆""像""啰"不再作"迭""复""象""罗"的繁体字处理。因此，在第一表中删去了"迭〔叠〕""象〔像〕"，"复"字字头下删去繁体字"覆"。在第二表"罗"字字头下删去繁体字"啰"，"啰"依简化偏旁"罗"类推简化为"啰"。"瞭"字读"liǎo"（了解）时，仍简作"了"，读"liào"（瞭望）时作"瞭"，不简作"了"。此外，对第一表"余〔餘〕"的脚注内容作了补充，第三表"t"下偏旁类推字"雠"字加了脚注。

汉字的形体在一个时期内应当保持稳定，以利应用。《第二次汉字简化方案（草案）》已经国务院批准废止。我们要求社会用字以《简化字总表》为标准：凡是在《简化字总表》中已经被简化了的繁体字，应该用简化字而不用繁体字；凡是不符合《简化字总表》规定的简化字，包括《第二次汉字简化方案（草案）》的简化字和社会上流行的各种简体字，都是不规范的简化字，应当停止使用。希望各级语言文字工作部门和文化、教育、新闻等部门多作宣传，采取各种措施，引导大家逐渐用好规范的简化字。

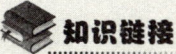知识链接

《国家通用语言文字法》简介

《国家通用语言文字法》全称《中华人民共和国国家通用语言文字法》，是为推动国家通用语言文字的规范化、标准化及其健康发展，使国家通用语言文字在社会生活中更好地发挥作用，促进各民族、各地区经济文化交流，根据宪法，制定的法规。其于 2000 年 10 月 31 日第九届全国人民代表大会常务委员会第十八次会议修订通过，2001 年 1 月 1 日起施行。此法确立了普通话和规范汉字的"国家通用语言文字"的法定地位。

《国家通用语言文字法》是从事文字工作者仅次于宪法的大法了，每一位公民特别是从事新闻出版、广播电视、网络编辑等工作者都应该认真学习，自觉遵守。关于繁体字、异体字的使用，《国家通用语言文字法》作出了如下规定。

第十七条　本章有关规定中，有下列情形的，可以保留或使用繁体字、异体字：

（一）文物古迹；

（二）姓氏中的异体字；

（三）书法、篆刻等艺术作品；

（四）题词和招牌的手书字；

（五）出版、教学、研究中需要使用的；

（六）经国务院有关部门批准的特殊情况。

4. 港台地区的繁简之争

在中国内地的汉字简化如火如荼地进行的时候，几十年来，我国的香港地区、台湾地区也围绕汉字的简化问题展开了讨论、进行了博弈，其他相关的汉字文化圈也引发了波动。下面简要介绍一下相关的情况。

（1）香港地区的繁简之争。

1997年7月1日之前，香港居民将简体字称为"大陆字"，香港教育部门在很长一段时间里规定学生答题时一律不得使用"大陆字"，否则会被判为零分。

2015年末，香港教育局课程发展议会发表《更新中国语文教育学习领域课程（小一至中六）》咨询文件，建议香港中小学用普通话进行中文教学，中小学生在掌握繁体字后，亦应具备认读简体字的能力，从而"扩大学生的阅读面，以及加强与内地、海外各地的沟通"。咨询文件出来之后，有人担心简体字"入侵"学校，会让香港的中文教育"倒退"，还有人将其视为"政治手段"，称香港政府意图进一步"内地化"，并展开抗议。

大批家长也纷纷在咨询期内"一人一信"，要求教育局停止在中小学推广简体字。一方面，他们认为某些学校可能会借认读简体字的名义增加学生的课业量；另一方面，简体字的学习不难，在日常生活中自然会懂，不必刻意学习，同时认为这种举措会削弱香港本地的繁体字书写特色，甚至影响本地的语言特点。

针对上述情况，香港教育界人士反驳称，这是部分人在将事件过度政治化，炒作香港与内地的矛盾。也有资深的教育界人士表示，这份咨询文件内容是多年前的讨论结果，并非中央政府给香港政府的"政治任务"。

课程咨询结束后，教育局官员急忙出来为事件降温，署理教育局长杨润雄在公开场合澄清：香港的教育课程里，所有有关中文的课程均以繁体字为主，"没有打算或计划去强推任何简体字的意图"。同时强调："有关政府要在中小学推行简体字的说法，皆是没有根据的谣传。"

（2）台湾地区的繁简之争。

1952年，蒋介石打算第二次推动文字改革。他一方面指示考试院副院长罗家伦在报纸上采用舆论造势，另一方面让教育部门组织学者研究简化方案。次年，蒋介石重申："简化字之提倡，甚为必要。"

此时，极力反对汉字简化的戴季陶已经去世了，但学者胡秋原又出来明言要誓死捍卫繁体之尊容。胡秋原的主张得到了台湾文学界和史学界部分人的支持、响应，他们利用"立法院"对提倡汉字简化的罗家伦进行猛烈的抨击，认为此举会"毁灭中国文字及国家命脉"。

与此同时，大陆的汉字简化运动在紧锣密鼓地进行，海峡两岸局势波谲云诡，蒋介石便突然改变立场，攻击说简体字"是共产党专断、忘本卖国的工具"。台湾地区简化汉字的事情也就不了了之了。

20世纪60年代，蒋介石还发动了"中华文化复兴运动"，全面禁用简体字，违反者会被视为"投共附匪"，简体字成了人人忌谈的政治符号。直到1987年解除戒严后，随着两岸的往来，

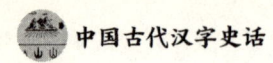

简体字才逐渐进入台湾社会。

2008年，台湾高雄县和春技术学院，将简体字列入大一国文必修课，开大专院校风气之先。随后，许多高校开设简体字课程、举办简体字辨识比赛。

2009年6月9日，台湾地区领导人马英九提出"识正书简"，即印刷体采用繁体字，一般书写可用简体字，并希望两岸就此达成共识。

2009年6月10日，时任国务院台湾事务办公室（简称国台办）发言人范丽青回答记者特意问，表示：随着两岸交流和人员往来日益频繁，如何使两岸民众在文字使用上更方便交流，两岸专家学者可以积极探讨，充分论证。关于繁体字、简体字的问题，两岸同胞同文同种，讲的是相同的语言，使用的是相同的文字。繁体字、简体字都是汉字体系文字，都根植于中华文化传统，都是传承、弘扬中华文化的重要载体，所不同的只是大陆对部分文字进行了整理和简化。

2011年，台湾开放大陆游客自由行，许多商家将招牌、菜单和说明改用简体字，简体字书籍也占到台湾新书的20%。为安抚保守人士的情绪，当时的"行政院长"吴敦义出面声明，说推广繁体字是"行政院"的一贯立场，未来不会改变。

其实，不少台湾民众都认为简体字、繁体字系出同源，排除意识形态因素，并没有不能共存的道理。

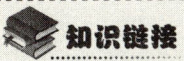

周边国家的汉字简化

新加坡：1969年，公布第一批简体字502个，除了67字（异体简化字），均与中国公布的简化字相同；1974年，又公布《简体字总表》，收简体字2248个，包括了中国公布的所有简化字，以及10个尚未简化的，如"窗""要"；1976年5月，颁布《简体字总表》修订本，删除"要""窗"等10个简体字和异体简化字，与中国的《简化字总表》完全一致。

马来西亚：1972年成立"马来西亚简化汉字委员会"；1981年出版《简化汉字总表》，与中国的《简化字总表》完全一致。

泰国：最开始的时候规定华文学校一律不准用简体字教学，在联合国以简体字为汉字标准后，便取消了原来的限制，并于1983年底同意所有的华文学校开展简体字教学，并在小学课本上附加简繁对照表。

日本：日本使用汉字已有近2 000年的历史，在民间也长期流行一些简体字。1946年，日本内阁公布《当用汉字表》，收字1 850个，其中有131个是简体字，与中国简体字相同的有53个，差不多相同的有9个。

第三章

汉字的文化内涵

　　汉字，一字一形，但往往一字多义，融合了许多人的理想和理念、信仰和追求。因此，汉字所包含的文化内涵才是汉字作为一种文字的灵魂所在。因为对于知识结构相对丰满的现代人来说，要造出一种文字其实不难，难的是让这种文字饱含文化内涵，承载使用这种文字的个体、社会群体、文明的精神。因此，当我们学习和使用汉字的时候，也应该感受到它从千万年走来，一步步承载和记录的我们先祖的发展历史和精神文化。

■ 第三章 汉字的文化内涵

第一节 书法艺术

汉字是书法的母体，书法是汉字的书写艺术。书法艺术，是我国汉字文化的结晶，它从实用书写发展为书法艺术，通过点、画、线的空间结构，按节奏和力度的变化，利用墨色、布白等展现艺术的美学因素，形成蔚为大观的艺术风景。

1. 汉字书法的发展轨迹

从刻符陶文到甲骨文，再从甲骨文到篆书、隶书、楷书、行书、草书，汉文字的书法艺术，其实始终是跟随文字的发展贯穿一气的。这是因为，艺术是专门针对人的审美而言的，艺术利用某种载体展现人的精神思想、理念追求，而文字的产生本身就是以人类欲望表达的刻画符号开始的。

文字在记事的过程中，也承载了书写群体的经历、情感和期望。因此，文字的书写能发展出书法艺术，一点儿也不奇怪。也就是说，刻符、陶文、甲骨文虽严格意义上还不能算作书法艺术，但这些文字符号中已经灌注了许多先哲的审美意识。先哲们用线条展现所见所思，通贯宇宙、贯注万物，创造了表现生命活力的汉字。

随着汉字的不断发展，经秦而汉，各式书体产生，彻底演变出一门艺术——书法。秦朝统一的文字小篆，从笔画到结构都更加规范、简约，字形修长，线条匀净，舒卷自如，平和、宁静又不失庄重威严——这恰恰符合中国人传统的精神追求，与秦代大一统的恢宏气象完美契合。

汉代的隶书对篆书进行了大刀阔斧的改造，它使汉字的书写变得更加简便，并朝着新的审美意识进发。汉隶蚕头雁尾式的波挑组合，在一波三折的节奏韵律中，使人能够从中感受到超逸、昂扬、自由的生命情调。汉隶书法艺术的这审美积累起来之后，使书法的内核得到了极大的丰富。因此，两汉时期留下了无数的书法艺术精品——汉印、汉碑或质朴雄浑或典雅秀丽，都是后世追摹的典范，是可观的艺术财富。

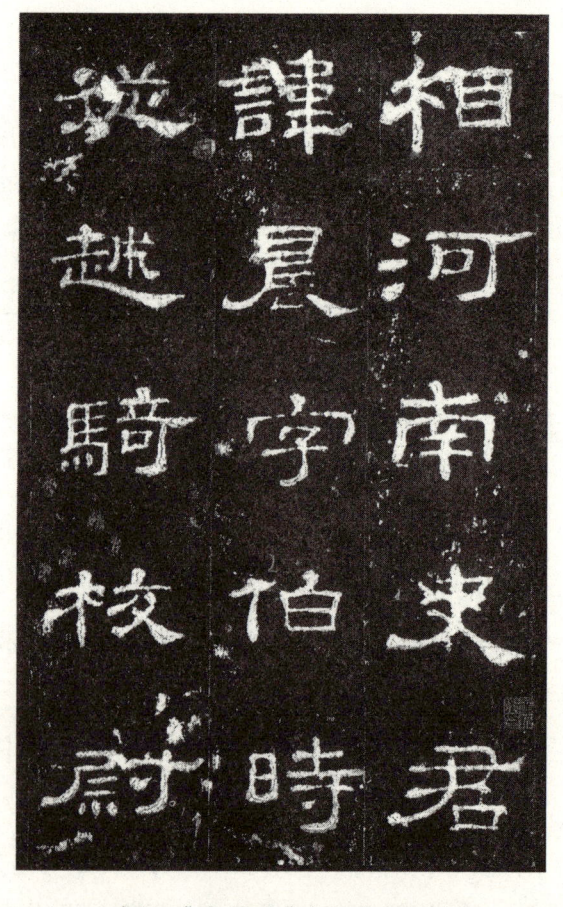

东汉《史晨碑》（局部拓本）

第三章 汉字的文化内涵

魏晋时期,生命意识的觉醒使人产生了创作的欲望,文化艺术因此得到发展,形成了独特的"魏晋风流"。在这一时期,草书、行书、楷书承继两汉遗风,久逢甘霖般喷薄而出,然后慢慢走向成熟,涌现出索靖、卫恒、皇象、王羲之、王献之等一大批书坛巨擘。魏晋时期的文人将思想意兴寄托到书法艺术上,摒去功名利禄,用敏锐的感受捕捉自然之美、探究精神内核,用点墨笔画驰骋思想意绪。楷书一改隶书的一波三折,将文字的笔画勾勒得清明秀丽;行书自由流畅、飘逸灵秀,是人精神最佳状态下的感受,使无数书法砥砺追索;草书飞动绵连、变化无穷,是功底深厚的书家自由驰骋的艺术空间,将物质性书体与非物质性的精神高度融合,是许多书法仰望、攀登的高峰。

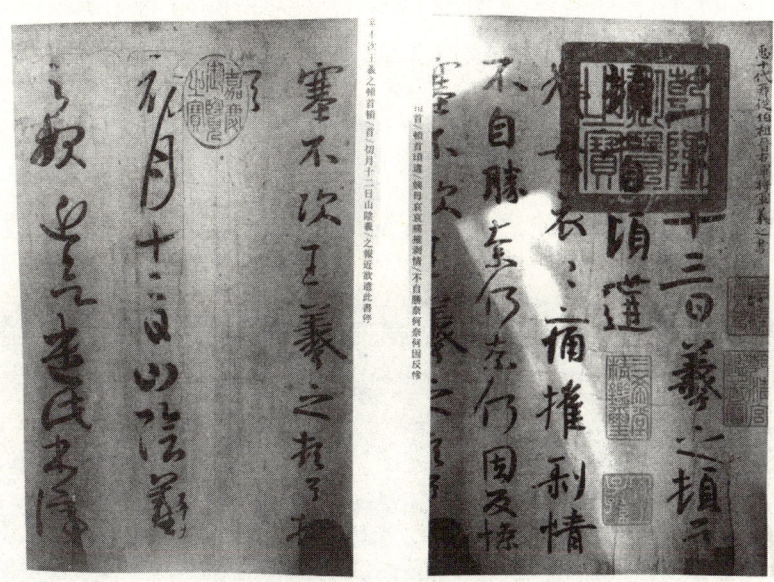

东晋　王羲之 行草书秋月帖页(宋拓本)

唐、宋,是中国古代物质文化发展高度繁荣的时代,书法艺术在这一时代也大放异彩。楷书在唐代发展成熟并取得了光辉灿烂的成就,它逐渐褪去了魏晋楷书中的隶意,字体变得方正,字形规整,结构精巧,法度谨严,堪称一代楷模。唐代还出现了欧阳询、虞世南、褚遂良、薛稷、颜真卿、柳公权、徐浩、杨凝式等赫赫有名的楷书大家。篆书、行书、草书在唐代也有新的开拓,并呈现出百花齐放的繁荣局面。

宋代书家改唐人"尚法"风尚,着意追求天真烂漫的自由意趣,出现了苏轼、黄庭坚、米芾、赵佶、苏舜钦、陆游、范成大、朱熹、赵构、张即之等从学识到书艺、从创作到理论都卓有成就的大家。

书法艺术发展元、明、清各代,已经是非常成熟艺术形式,文人墨客莫不以习书来对修养自身的性灵,同时努力开拓书艺的新境界。南宋后期,书坛萎靡不振,到元初更是江河日下,但元人赵孟頫高举"复古"大旗,力挽狂澜,重振晋唐宏伟之质。此后,明人又以其成熟、稳重的书艺为后世留下了可观的财富。清人重新审视书艺的沉淀之质,在碑学领域开拓出一片新天地,金

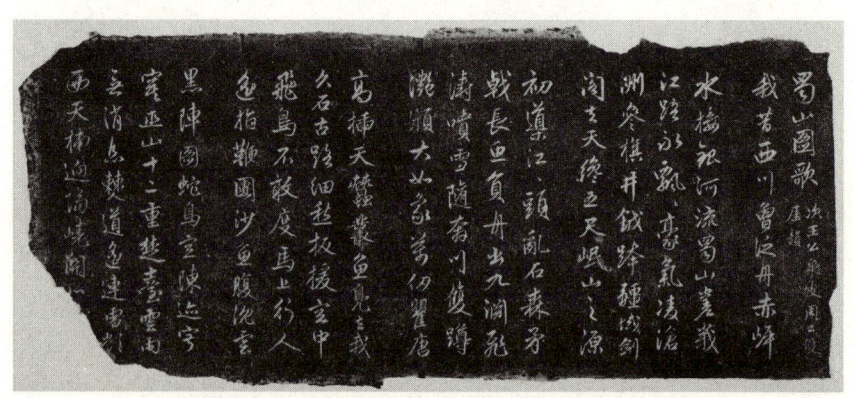

元代赵孟頫《蜀山图歌》局部(清末拓本)

石学复兴，碑派书法应运而生，从篆书到隶书、楷书无一不成为书家努力探索的领域。

2. 中国书法艺术成因

汉字，不管是从它的发展历史，还是从它的外形特征来看，在世界上都是一种独特的文字。中国的汉字书法也是一种独特的艺术，它是世界上唯一以文字为表现载体的艺术。汉字发展成为书法艺术，除了美学因素的积累和沉淀之外，还与它的美学特点有着密切的联系，即兼具形象美与抽象美，兼具动态美与静态美，兼具形式美与意境美。

（1）兼具形象美与抽象美。

凡艺术的东西，都非常注重视觉造型，因为艺术本身就是通过人的五官感受接触心灵意境的。汉字的外形结构，给艺术的形象美提供了发挥的空间。因此，不管是汉字的硬件（形体结构）还是软件（思想），都犹如艺术的土壤一般，使艺术有了发展的可能和发挥的空间。

我们反复强调，文字不是一人、一时、一地创造发明出来的，而是在人类长期的实践过程中逐渐汇总融合、取舍整理后发展成熟的。不管是山东大汶口文化中的陶文、浙江良渚文化玉石片上的鸟形，还是殷初青铜器上的族徽文字，许多古老文字的雏形就已经追求形体结构的美了。这种形体结构的美，在汉字逐渐发展成熟并延伸出书法艺术之后，就被极大地寄托在了书法艺术的形象美上。因此，我们看到的后期发展出来的字体，不管是楷书还是草书，都用各自不同的形态展现艺术唯美的意蕴。只有这样，王羲之书法之美，和赵孟頫书法之美，才会在具有强大差异的同时，犹如双璧，各个耀眼夺目。

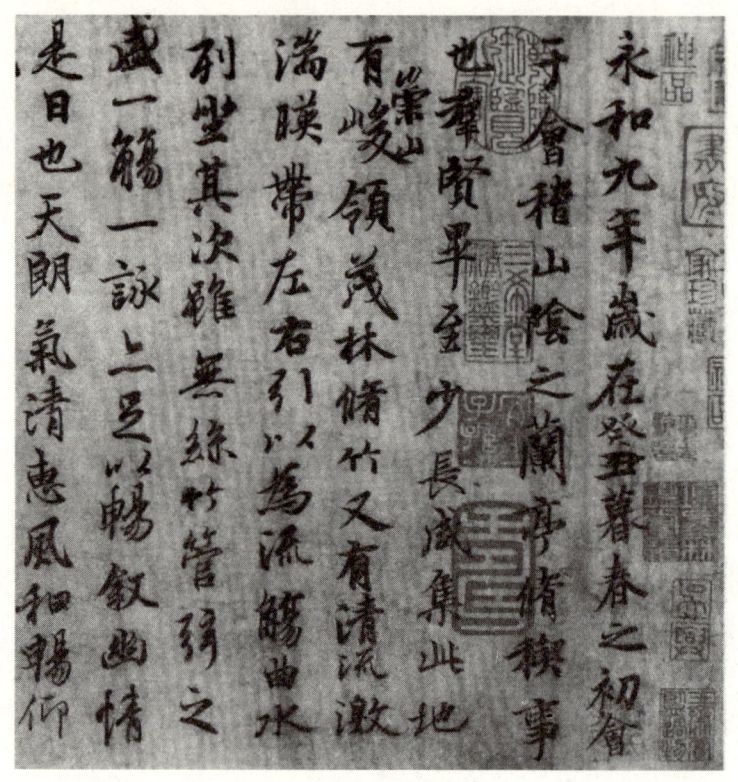

王羲之《兰亭集序》

如果说形象美是艺术的外展，那抽象美就近乎艺术的灵魂。书法艺术的抽象美，也是是汉字所赋予的，那种由线条搭建的、不直接表达但能凭感触进行感受的美，是脱离物象造型的存在。欣赏形象美时，众人是很容易达成共识的，但欣赏抽象美时，通常就是"一千个读者心中就有一千个哈姆雷特"了。抽象美与形象美最大的差异是：形象美是实在、具体的，抽象美是空泛、难以言喻的；形象美是可直接触摸和判断的，抽象美的感受凭借的

■第三章 汉字的文化内涵

是直觉感官。

在同时具备这两种美的情况，才有可能孕育出艺术这种人类独特的心灵感受的物质形态。

（2）兼具动态美与静态美。

动态和静态，是时间和空间流转时呈现出来的状态：能证明时间存在的，通常是动的、有变化的东西；能证明空间存在的，通常是静的、可相对参照的东西。艺术之所以会强调动态美和静态美，除了形成对比，呈现出冲击性的视觉和感受之外，还因为对时空关系的感受和思考是人类思维最原始、最初的萌动。

在汉字的书写方面其空间的二维性，以及结构、形体的和谐稳定，使汉字具备空间上的静态

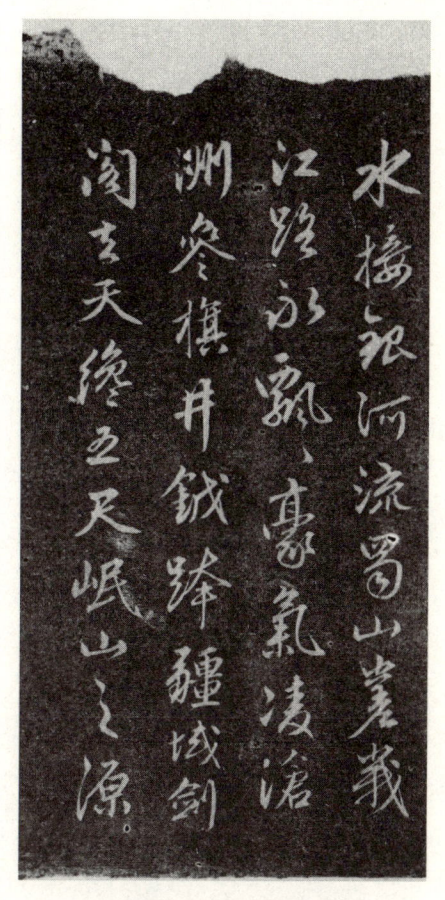

元代赵孟頫《蜀山图歌》局部（清末拓本）

美；汉字流畅的书写感受，笔画之间的变化，以及其本身承载的文字的含义，都是动态的，流转着人的思想意绪，具备动的美感。就像隶书的"厚德载物"以及行书或草书的"上善若水"，呈现在你面前的时候，你的感受是不同的，因为它们的静态美和动态美也各不相同。在兼具动态美和静态美的情况中，人们很难忽视书法的艺术美感而只去在意它实用的记录功能，尤其是对性

灵开放、精神深邃的文人，要去忽视这样的美几乎是不可能的。

在这样的情况下，书法艺术让人如痴如狂、备受追捧也是必然的。

（3）兼具形式美与意境美。

形式美与意境美是艺术造型比较直接的目的和追求。对于书法艺术的形式美与意境美，可以看各个书法家，不同形式、不同风格带来的不同意境感受，有的

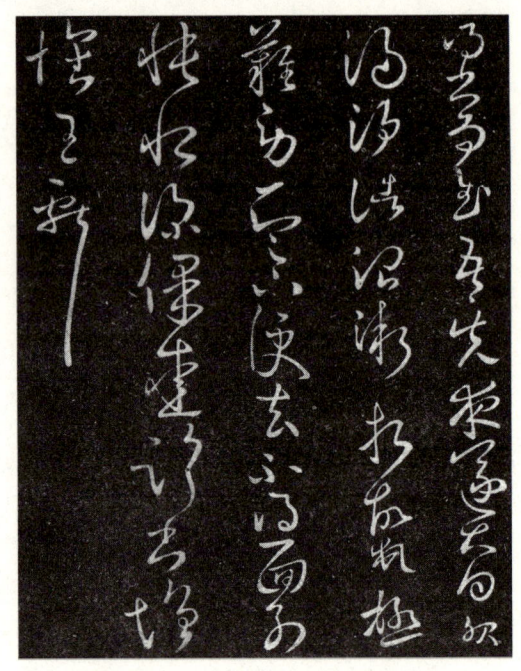

王献之《先夜帖》拓本

古朴自然，有的灵秀隽永，有的清瘦峻奇，这是形式美背后的意境美。

艺术，是不设边界、不固定法则的，全凭造诣感受。我们在学习书法的时候，讲究笔画勾连的框架比例，因为这种框架比例直接影响人的视觉感受。有的人写字好看，有的人写字散乱不好看，重在框架结构合理与否。当我们去欣赏书法艺术的时候，书法的形式美是我们首先能直观感受的，结构形体的合理性、严谨性是所有书家都会着意训练和研究的。

书法艺术的意境美，通常是建立在一定的书写功底的基础上的。书法意境美的营造，是书法难度最高，也是决定书法层次的

关键。王羲之之所以爱鹅成痴，是因为他能够从鹅掌的形体特征中感悟书法的形态和意境。

米芾行书《省试腊后望春宫》

从以上内容中，我们就能够理解汉字在书法艺术方面的可塑性。正是因为汉字能呈现上方3组艺术不可或缺的美感，才让书法艺术变得饱满，充满灵性和生命力。

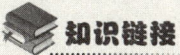 知识链接

永字八法

永字八法中，"永"字的8个笔画代表中国书法中的侧、勒、弩、趯、策、掠、啄、磔等8种笔画。一般将"永"字

练好，基本功也算是打好了。因此，写"永"字，是书法入门的练习方法。

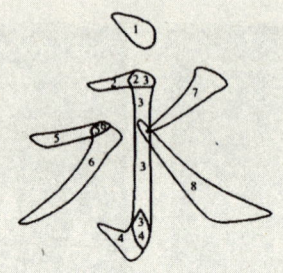

①点为侧，如鸟之翻然侧下；

②横为勒，如勒马缰绳一般平直；

③竖为弩，讲究力道；

④钩为趯，有跳动之貌；

⑤提为策，如挥鞭策马；

⑥撇为掠，如用篦掠发；

⑦短撇为啄，有如鸟之啄；

⑧捺为磔，裂牲为磔，笔锋开张也。

3. 书法艺术中的人文精神

书法本身作为艺术，和汉字本身被赋予的文化属性，可谓珠联璧合。在进行书写的时候，书法家往往有意或无意地带入自己的感情，或爱或恨，或褒或贬，通过文字本身的含义以及书写的艺术感觉表达出来。比如书法中常见的"福""寿""孝""梦"，一个字就足以引发人内心的无数联想和感受。这也是书法艺术的魅力所在。

"福"字，反映的是劳苦大众对生活最真诚、最本真的愿望，这种愿望从人类开始试图通过动来改变生活，从人类感受到内心痛苦又改变不了内心痛苦就已经开始了。因此，"福"寄寓了千百年来太多人的祈愿。春节的时候，家中老人会在喜庆的红纸上写上"福"字，然后倒着贴在门上，寓意福到。能书写好一个福字，不管对于书家还是普通人来说，都非常重要。

乾隆所书"福"字

"寿"是中国人非常爱写的一个字，这个字可以用各种字体进行刻画，而且各种字体给人的感受和美感都不一样。如果用瘦金体书写，则有遗世独立之感；如果用草书书写，则有飘飘欲仙的缥缈之感；如果用楷书书写，则端方大气、厚实稳重，犹如泰山；如果用楷书书写，则和蔼可亲、清舒温润……如果孝子贤孙，谁给家中老者书写一幅百寿图，那就是很用心的了，长者心中定然备感欣慰。"寿"字不管是在寓意上，还是在形体上，都能给人内心带来稳定的力量。这可能就是书法和文字内涵结合出的独特的艺术感触吧。

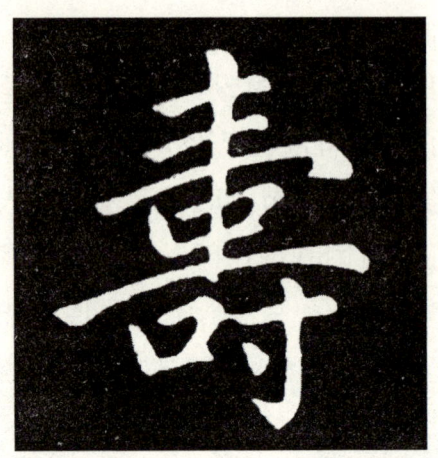

赵孟頫所书"寿"字

"孝"——百善孝为先,因而孝是中国一切社会伦理最基础的要求,也是必需的要求。孝文化的产生和在社会中受到的拥护程度,和我国千百年的孝道传统是分不开的。一个社会,要称得上进步和文明,需要的不仅仅是经济富足、科技发达,更重要的是人文理念已经根植于这个社会。孝道文化,是每一代中国人应该学习并身体力行的。

高垲所书"孝"字

"福""寿""孝"都关乎社会人文理念,都是中国传统社会文化理念中非常重要的东西。除此之外,千百年来让无数人困困顿顿、苦苦追寻的,还有一个"梦"字。梦包含的意味太深、太复杂,它不像"福""寿""孝"那般纯粹美好,更多的是关乎作为有性灵追求的人类内心的探索。庄周梦蝶、黄粱一梦、大梦初醒、人生如梦……关于梦,有太多的美好,太多的求而不得。因此,书写"梦"字的过程,其实是一场对自身、对内心的拷问——是自我感触、自我觉悟的美好又痛苦的过程。

柳公权所书"梦"字

除此之外,书法艺术还包含着太多、太可贵的人文精神,它们都是值得我们继承和发扬的中华民族的文化精神。

知识链接

书法作品的第一次落款

现在我们看到书法作品，会发现一幅书法作品的后面都会有落款，告诉我们这幅作品是谁写的、什么时候写的。中国第一个在书法作品上落款的人是东汉时期的仇靖。仇靖是东汉时期一名很小的官吏，他写了一篇文章，叫作《西狭颂》，在这篇文章的末尾签下了"仇靖"二字，开创了书法作品落款之先河。仇靖也因《西狭颂》流芳百世。著名的《西狭颂》石刻，结字高古、庄严雄伟。

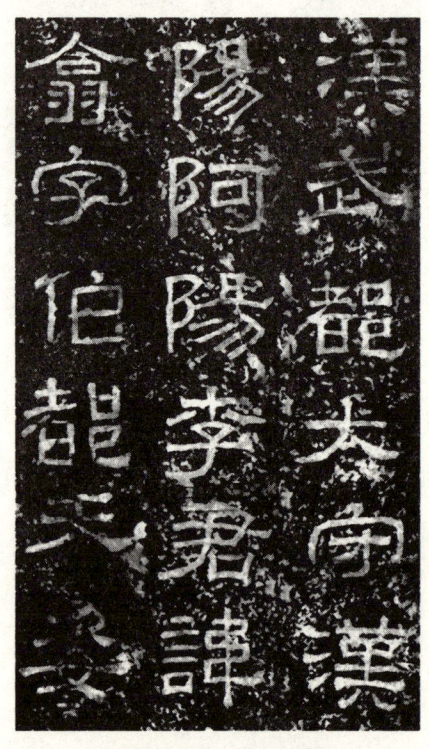

《西狭颂》石刻局部

■ 第三章 汉字的文化内涵

第二节 人的姓名

现在的我们，生来就带了姓，或是跟父姓，或是跟母姓，总之这个姓于我们是与生俱来的，是我们诞生之后的第一个身份属性。当我们长大一些，开始学习历史尤其是中国古代历史，涉及人物的时候，总会出现"姓孔，名丘，字仲尼"这种，或更复杂的名、姓、氏、族之类的标签。如果不了解古人取名，以及各种名号的意义和来源，大脑中很容易就会一团糨糊，搞不清楚为什么古人要把人名弄得这么复杂。但当我们通过学习，了解了这些名姓称谓的来由之后，一幅由血脉关系、社会群体构建的名姓图谱就能清晰地展现出来。下面让我们对它们的概念和来由做进一步的学习和了解。

1. 姓的由来

最初的时候，姓是代表有共同血统关系的种族的称号（简称族号）。远古人类的姓氏系统，常以动物、植物以及其赖以生存的地理、河流的名称为姓。并且，姓氏与原始图腾的关系紧密，很多姓的文字就是由最初的部落图腾标志演化而来的。

在遥远的原始社会，社会生产力水平低下，人类对自身、对自然还没有科学的认知，思考和研究问题的方式也比较有限。在面对"我是谁？""我从哪里来？"这样的哲学问题的时候，是茫然而不安的。为了安定人心，原始族群中的人类很可能创造性地给自身的来源添加了一个说法，诸如女娲造人、"天命玄鸟，降而生商"之类的说法就产生了。因为有"天命玄鸟，降而生商"这种说法，商人就把玄鸟的图纹作为商族的图腾。确定了自身的来源，就开始着手解决"我是谁？"的问题，于是人们用图腾标记族类归属，凡在这个图腾下的都属于这一族类。而一族之内，通常都是有血缘关系的聚落群体，姓和图腾也就成了圈定族群范围的工具。

伏羲、女娲

中国有很多姓是由图腾名称演变而来的，比如，甲骨文里的"风"作"凤"，风姓源自凤凰图腾，伏羲的姓就是风；满族等少数民族的古姓也多为图腾名称。

图腾文化和姓氏文化不仅仅在中国出现，全世界其他地方、但凡文明崛起过的地方，都有这样的文化现象存在。在今天世界各民族中，有不少姓氏都源自古老的图腾，比如，英美普遍的姓"雷切尔"是母羊的意思，"德博拉"是蜜蜂的意思；葡萄牙的姓"拉波孔"是狐狸的意思，"洛博"是狼的意思；日本的龟、熊、虎、猪、鹤等姓也都源自动物图腾。因此，姓应该是跟随人类对自身来源的探索和认知出现的。

"马"姓图腾

姓，可以由图腾演化而来，但不只由图腾演化而来，还可以源自出身缘由。比如，大禹的母亲吞食薏苡而生禹，以大禹为首的夏人便以姒为姓；等等。

除了以图腾、出生由来为姓之外，远古先民还以居住之地为姓。比如，黄帝部族因为居住于姬水之滨，所以以"姬"为姓；炎帝生于姜水，因此以"姜"为姓，其部族、后世均以"姜"为姓；虞舜因为居住在姚墟，所以以"姚"为姓。

还有根据吹律定姓的。《白虎通义》记载，说古代圣人兴起的时候，不知道自己的姓氏是什么，于是就依据吹奏出的不同声律来确定自己的姓氏，以区别于其他的族姓。《白虎通义·姓名》就有"圣人吹律定姓，以纪其族"的记载。《汉书·京房传》也有"房本姓李，推律自定为京姓"的记载。在古代，吹律定姓者似乎都是圣人，普通人是否有这种资格就不得而知了。

根据目前的历史文献来看，远古时代的姓都是有一定的来源说法的，能够根据这些来源说法定姓的似乎也不是普通独立的个体，他们或者为整个部族，以部族的群体特性定姓，或者为部族首领或功绩巨大的人才有可能为其定姓。从这个角度来看，姓的出现，是远古人类区分你我的发端，也是社会阶级分化的萌芽。

2. 氏的由来

氏，是由姓发展、派生出来的分支系统。远古时代，通常一个族群群居一处，但随着部落群体的繁衍和发展，人口壮大之后，血缘关系更近的各个部分形成整个大姓系统下的分支，这些分支有可能为了获得更好的资源分散居住，就像现代的兄弟分家一样。就这样，各支系为了区分你我，又发展出类似姓这样的具有族群特征的称呼，形成了我们今天所说的"氏"。

因此，在远古时候，姓是总的血缘关系，可以说明一个人或群体最初的族群来自哪里，而氏则可以说明一个人或群体来自所属姓下的哪一个支系。对于非常看重"根本观念"的中国人来说，厘清、记录清这些问题是非常重要的事情。人常说"不能丢了根本"，也跟这种思想有紧密的关系。

《左传·隐公八年》疏:"姓者,生也,以此为祖,令之相生,虽下及百世,而此姓不改。族者,属也,与其子孙共相连属,其旁支别属,则各自立氏。"也说明姓为氏之本、氏由姓所出。吕祖谦《左氏博议》中的"姓者,统其祖考之所自出;氏者,别其子孙之所自分",也说明一族之人,随着子孙繁衍,聚一处则不足以容,于是分殖于外。而分殖于外的人,为了相互区别,便以国为氏,以邑为氏,以乡、亭、地为氏,于是新的氏就产生了。夏商时期就已经出现了少量的氏,到周代的时候,可能社会发展加速、分化加快,氏大量地出现和产生。

至于氏产生的更深层次的原因,东汉班固《白虎通义·姓名》中认为:"所以有氏者何?所以贵功德,贱伎力。或氏其官,或氏其事,闻其氏即可知其德,所以勉人为善也。"这段话的意思是说,古人命氏是为了彰显功德、贬低勇力。

"氏"的本义为物体欲坠,甲骨文、金文、小篆中都用物体摇摇欲坠势的形象来表示"氏"字。《说文解字》中说:"氏,巴蜀山名岸胁之旁箸欲落堕者曰氏。氏崩,闻数百里。"意思是:巴蜀之地将山崖即将崩落的山岩叫作氏。氏崩落的时候,方圆数百里都能听到。《左传·隐公八年》中说:"天子建德,因生以赐姓,胙之土而命之氏。"意思是:天子将有德之人封为诸侯,依照其出生之地给其赐姓,给他分封土地并为其赐氏。

在周代的文献中,对男子常常以氏相称呼,具体的称呼方式有多种:①单称氏,周代的铭文中对男子就有单称氏的情况,比如"匡季"这个人就用"匡"来表示;②氏和名一起称呼,比如西周恭王时期的裘卫,"裘"是其氏,"卫"是其名;③

氏和字一起称呼，比如一个名足、字仲、祭氏的人，会称其为祭仲；④氏和谥号一起称呼，比如春秋时期晋国大夫魏武子，本姬姓，魏氏，谥号武，故称"魏武子"；⑤氏和爵一起称呼，比如春秋时期曹国国君曹昭公，本姬姓、曹氏、名班、伯爵，故称曹伯；⑥氏和职官一起称呼，比如商汤的宰相伊尹，本姒姓，是夏禹的后代，居伊川，以伊为氏，而这一时期的宰相又被称为"少臣""小臣"，因而伊尹在叔夷钟铭文中被称为"伊小臣"。

通过上文，我们了解了姓和氏，知道了氏由姓发展而来。接下来，我们对氏与姓在使用方面的区别进行归纳总结：姓代表母系血统，氏代表氏族分支；姓区别血统，氏区别子孙；姓区别婚姻，氏区别贵贱；妇人称姓，男子称氏；贵族有氏，平民没有氏；姓是不变的，氏是可以变的。

这样，姓和氏的关系就明朗了，但这种关系在人类的历史发展过程中并不是一成不变的。《史记集解》引郑玄《驳许慎五经异义》中说："族者，氏之别名也；姓者，所以统系百世，使不别也；氏者，所以别子孙之所出。"姓、氏是建立在一定的社会管理和统治基础上才出现并得以稳定的，随着奴隶制的瓦解、宗法制的崩溃，旧的姓氏体系必然一起崩塌，使用混乱起来。

比如，战国之后，随着各诸侯国的灭亡，贵族逐渐失去了原本的社会地位，氏不再作为贵族的标志，不能起到区别贵贱的作用，姓和氏开始混淆使用。到秦汉的时候，姓和氏已经没有本质区别，几乎完全混同了。在这一时期，姓、氏混用，平民也开始有姓氏。这标志着贵族的没落，平民地位的提高，中国的姓氏文化走向了大发展的时代。直到今天，姓仍是个人非常重要的属性。

3. 名、字、号

我们都知道，人类社会是从群居之后开始得到发展的。群居生活使个体与个体之间的交流更加频繁，为了区分你我，个体便需要有一个代号，这个代号就是早期的名。姓和名连在一起之后，就是今天的姓名了。

姓是用来区分不同的血统的，名是用来区分不同的个体的。因此，在人口众多的群体社会中，有一个自己的名是非常重要的。甲骨文的"名"字有"口（叫喊）"和"夕（黄昏）"两个部分（左右结构）。《说文解字》中也说："名，自命也，从口、夕。夕者，冥也，冥不相见，故以口自名。"意思是：在早期的社会交往中，白天的时候，人们还可以通过形体、面貌、声音来相互识别。到了晚上看不清的时候，就只能用名字来区分你我了。

由此可见，人名是社会交往的需求，它能够让人们在各个社会交往的场合都得到。人名用于社会交往的同时，也被赋予了一定的属性。比如不相熟的人之间，一般不相互称名道姓。孔颖达的注疏中就有"诸侯相见，只可称爵，不可称名"的说法。宋代张世南的《游宦纪闻》卷一中载："刺字，或书官职，或书郡里，或称姓名，或只称名。"

虽然现在的人已经不分名和字了，但古人是很讲究的，给子女起名字都是有一套严格而复杂的礼仪的。一般来说，子女出生3个月后，父亲就会选择吉日，为他们取名。在这一天，母亲带着孩子一同去见孩子的父亲，众人都早起，沐浴更衣，连用餐也有一套讲究。经过一套繁杂的程序之后，这名才算是取成了。

另外，古人给子女取的名也是有一定的讲究的，是要遵循一定的原则的。《左传·桓公六年》中总结了春秋时期命名的5个原则，分别是：有信、有义、有象、有假、有类。在这5个原则中，"有信"，意思是要根据婴儿出生时的生理特征命名，比如唐叔虞出生的时候，手心有纹像"虞"字，因而起名叫"虞"；"有义"，意思是要用祥瑞的文字来命名，比如周文王名昌、周武王名发，据《左传注疏》中说，"太王度德命文王曰昌，文王见武王之生，以为必发兵诛暴，故名曰发"，这些都是有一定的含义的；"有象"，意思是要用相类似的事物来命名，比如孔子出生时头部中间凹陷，像尼丘山一样，因而起名为"丘"、字为"仲尼"；"有假"，就是用相关的物品来命名；"有类"，意思是用与父亲相同或相关联的意思的字来命名，比如鲁桓公的儿子与其的生日是同一天，因而起名叫"同"。

古人还提出了6条起名的禁忌：第一，不以国（就是不能用本国的国家名起名）；第二，不以官（不能用官职名来命名）；第三，不以山川（不能用国家的高山大川的名称来命名）；第四，不以隐疾（不能用隐处的疾病来命名）；第五，不以牲畜（不能用牲畜的名称来命名）；第六，不以器币（不能用器物和礼物的名称来命名）。

古代士以上的贵族在人生的不同阶段有不同的称呼，成年以前称"名"，行冠礼后称"字"，朋友不可再称他的名，50岁以后称"行第"，死后称"谥号"，这是西周时期一整套关于名字称谓的做法。因此，在古代，名一般是父母长辈对儿女后辈人的称呼。因此,男子 20 岁,也就是男子行冠礼之时,有身份地位的男子就需要有个字,方便社交之用。男子成年后命字、称字的主要原因是避讳其名、恭敬其名。因此,《仪礼·士冠礼》中说:"冠而字之,敬其名也。"

因此,名是幼时起的,供父母、国君、师长等长辈呼唤的,男子到了 20 岁以后要举行成人礼(即冠礼),就要命字、称字,在社会上交际的时候方便避讳其名。一般情况下,贵族女子也是有名有字的,只是女子是在 15 岁时举行及笄礼的时候取字,供朋友呼唤。《仪礼·士昏礼》中就有"女子许嫁,笄而醴之,称字"之说。

两汉以后,命名取字扩展到一般的知识阶层。宋代以后,命名取字几乎遍及各阶层。发展到现代,出生不久,父母就会给孩子取个大名,名、字的功能混合,只取一个大名也不会影响个人社交,名和字也不用再区别对待了。

除了名和字之外,号也是比较有代表性的个人称谓。"号"最初的字义是痛苦的声音。《说文解字》中有:"号,痛声也。"因此,号为呼出之音。董仲舒《春秋繁露·深察名号》中说,古代的圣人,呼喊并仿效天地的叫声作"号",鸣叫并授予意义的称作"名"。名称作为词汇,是通过鸣叫赋予意义的意思;称号作为词汇,是呼叫并仿效的意思。名、号有不同的声音,却有共同的来源,都是鸣叫呼喊而通达上天的意思。

号有多种,有爵号、官号、谥号、庙号、年号、斋号、绰号等,古人很早就有号的概念了,比如"老聃""鬼谷子"等,"有巢氏""燧人氏"也许算是最早的名号了。尽管号的产生很早,但从上古一直到南北朝时期，取号的人并不多。

唐代开始，取号的人逐渐多了起来，宋代便形成了普遍风气。例如，杜甫号"少陵野老"，张志和号"烟波钓徒"，苏辙号"颍滨遗老"，欧阳修号"六一居士"，等等。元、明、清时期，取号之风达到顶峰，几乎人人有号。到了近代之后，文人才逐渐以笔名代替了以前的号。

4. 谥号、庙号、年号

封建王朝身份地位尊贵的最高统治者，一般都有谥号、庙号、年号。一般称呼皇帝的时候，唐代以前的皇帝多称其谥号，如汉武帝、晋康帝、隋文帝等；唐代以后的皇帝多称其庙号，如唐玄宗、宋太祖、明太宗等；到了清代，一般就称其年号了，如顺治帝、康熙帝、光绪帝等。谥号、庙号、年号的具体含义和发展历史是怎样的呢？让我们一起来梳理一下。

（1）谥号。

在古代，身份贵重的帝王、诸侯、卿大夫、高官大臣死后，朝廷会根据其生平事迹给予一种褒贬善恶的称号，这种称号就叫作"谥"或"谥号"。在上古时期，即便尧、舜、禹、汤也是没有谥号的。从《礼记》中我们可以知道，谥号制度正式产生于周代。

周王室和春秋战国时期的各个诸侯国都普遍施行谥法制度。到了秦朝，秦始皇认为它有"以下议上"之嫌将其废除，到西汉又恢复了谥号制度。发展到魏晋南北朝的时候，谥法逐渐平民化，唐宋更是将谥法发展到了极致。到了明清时期，谥法就变成皇帝个人的工具了。

最开始的时候，谥号都是用一个字的，比如鲁隐公谥号为"隐"、秦襄公谥号为"襄"、齐桓公谥号为"桓"、晋惠公谥号为"惠"、楚庄王谥号为"庄"，等等。到了汉代，崇尚孝道，所有皇帝的谥号都有个"孝"字，谥号还变成了两个字，比如汉孝惠帝谥号为"孝惠"、汉太宗孝文皇帝谥号为"孝文"、汉世宗孝武皇帝谥号为"孝武"，等等。魏晋南北朝时期的谥号有的用一个字、有的用两个字。从唐玄宗开始，谥号的字一下子多了起来，有多达7个字的"至道大圣大明孝"，还有将其祖先的谥号也一律改成了7个字的。到了唐肃宗的时候，谥号更是有"文明武德大圣大宣孝"9个字之多。宋、元、明、清，谥号的字数一代比一代多。

谥法，就是给予谥号的标准。谥法刚兴起的时候，并没有严格的制度，使用范围也比较小——仅限于天子、诸侯、卿大夫死后。用谥号褒贬善恶是从周代开始的，谥法的制度化是从春秋时期开始的。春秋时期，各诸侯国的谥法不同、宽严有别，不过都有褒贬善恶的含义。往后发展，用恶谥的情况变少，谥号成了对死者的赞美之词。相传，楚成王被逼得上吊自杀了，商臣一开始给他定谥号为"灵"，可是楚成王死不瞑目，于是给他改为"成"，这时楚成王才闭上眼睛，咽下最后一口气。国君争最后一口气，都要为死后争一个好的谥号，可见他们多么在乎谥号。

谥号用的一般是一些比较固定的字，这些字有特殊含义，可以用来评价死者的美德或恶德。《逸周书·谥法解》将谥号大体上可以分为3类：①上谥（表扬类的谥号），比如安、慈等；②

中谥（同情类的谥号），比如哀、悼、怀、坚、愍等；③下谥（批评类的谥号），比如荡、丁、干、荒、惑、刺、厉、戾等。

（2）庙号。

庙号，是古代帝王去世后，在太庙立室奉祀时追尊的名号。庙号始于商代，比如成汤的庙号为太祖、太甲的庙号为太宗、太戊的庙号为中宗、武丁的庙号为高宗。隋代以前，不是所有的皇帝都有庙号的。唐代之后，每个皇帝才都有庙号。

《礼记》中说："祖有功，宗有德。"也就是说，"祖"为有功劳者的庙号，"宗"为有德行者的庙号。一般开国的皇帝称"祖"、后继者称"宗"，例如，刘邦被称为太祖，刘恒被称为太宗，刘彻被称为世宗。但到曹魏的时候，以"祖"为庙号开始泛滥，比如曹丕称高祖，曹睿称烈祖。乃至唐代之后的每个朝代，除了开国皇帝称"祖"外，其他皇帝不管有没有功德都称"宗"。

（3）年号。

年号，是封建帝王纪年的名号。汉代是中国出现年号最早的时代，在此之前用帝王的年次纪年，是没有年号的，比如鲁隐公元年、鲁隐公二年、鲁隐公三年等。年号是汉武帝首创的，他的第一个年号是"建元"。颜师古《汉书·武帝纪》建元元年下注云："自古帝王未有年号，始起于此。"

以后，基本上，新君即位要更改年号，改朝换代也得改年号，这种年号的更改叫作改元。比如，汉武帝最后一个年号是"后元"，汉昭帝即位后改年号为"始元"，汉宣帝即位后改年号为"本始"等。

明代以前，遇军国大事或者重大祥瑞灾异，也会改元，如汉武帝在位时，长星（类似彗星）出现，因此改元"元光"，后来在郊野得到一角兽（白麟），又改元"元狩"。明、清两代，每个皇帝不论在位时间长短，基本都只用一个年号（只有清太宗用了两个年号）。

一般情况下，年号选用两个字，如东汉的"元和"、晋代的"永昌"、唐代的"开元"、宋代的"治平"、明代的"万历"、清代的"顺治"等。也有少数用3个字、4个字、6个字年号的。

第三节　避讳字

避讳，即古代出于敬畏、迷信、憎恨心理，或是礼制、政治等原因，在语言、文字或日常生活中的一些禁忌。比如，因为尊敬或畏惧某人某物，在日常生活中不直接称呼某人某物之名，而是用与之相关的东西提及。

按照避讳产生的原因可将避讳分为俗讳、恶讳和敬讳3种类型，按照所避名讳的用字情况可将避讳分为正讳、嫌名和偏讳，按照避讳对象的不同可将避讳分为国讳（庙讳）、官讳、家讳和圣讳。圣讳不像国讳、家讳那样严格、广泛，执行的强制性也弱，国讳、家讳通常上升到法律层面，属于国家意志。避讳的类型和名目较多，有些是约定俗成的社会道德规范，有些是统治阶级强制执行的国家意志，下面让我们来详细了解一番。

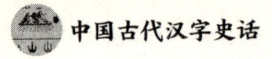

1. 避讳的由来

"讳"字从"言"从"韦（违的省略）"，本义为不敢言说，引申出避讳、忌讳、讳疾忌医、供认不讳、直言不讳等词汇。我国自周朝到清朝，都有成文不成文的避讳准则。"避"，意思是说不得言说、书写君王或尊长的名字，应加以回避，以示尊敬；"讳"，意思是说要注重礼俗，行为举止要文雅，忌讳失体面的话语和行为。

历朝历代，都会对必须避讳的情况做法律规定，比如哪些需要避讳，如果犯了讳应该如何处罚等。《唐律·职制篇》中就有："诸府号、官称犯祖父名，而冒荣居之者，徒一年。"

古代之所以强制避讳，是因为古人对社会自然科学的认知都是比较蒙昧的，语言、文字在他们看来都是充满灵性、具有神秘的力量的，才会出现符箓咒术之类的巫祝之术。人们对巫祝之术这些视若鬼神，又敬又畏。因此，有的人害怕受咒，有的人利用巫祝之术企图加害于人。

因此，避讳对应的从来都是从相对的两个角度出发的。一个角度是尊者、被避讳的一方，他们或是为了突出自身的威严、尊贵之感，企图通过避讳这种诡秘的禁忌措施，让对方产生错觉，心生畏惧，产生敬畏心理，便于对其进行统治；另一个角度是实际避讳行为实施人，在采取避讳行为的过程中，人不自觉地会感受到自身存在的低下性、被动性，无形之中将自己定位在一个被统治、被管理、需要遵守规则的位置上去。

除此之外，有的避讳是因为敬爱、尊重，是传统文化熏陶下的自然产物。比如,《红楼梦》中林黛玉的母亲名叫贾敏,所以林黛玉每次念书念到"敏"字的时候都囫囵吞音,并不直接念出"敏"字。

在宗法制度的社会群体中,这种避讳不仅体现在语言和文字上,就连日常的衣食住行也包含着种种避讳思想。比如古代的皇帝加冕的时候,头冠前后会垂有两道珠帘——叫作旒或冕旒。人若走起来一步三晃,冕旒上的珠子就会叮当作响,可提醒皇上应该坐如钟、站如松,注意仪态。除此之外,冕旒还可以遮挡大臣们的视线,不让他们窥探皇上的面孔,而大臣们上朝的时候也手持笏板,一方面可以记事,另一方面可以将皇帝与自己的视线隔避开来。这里面也包含着一定程度的避讳思想。

可以说,避讳是统治阶级实行统治非常便利的工具了。

统治者既是汉字使用的指导者,也是全方位使用者,更是汉字库的管理者,自然会将汉字作为统治天下的工具使用。他们选择寓意丰富的国号、年号、姓名等的用字,以此宣扬他们的身份地位,从心理上将自身的地位高架于神坛之上。广大臣民由于盲从、迷信、崇拜、敬畏等心理,也会不自觉地对皇家用字敬而远之、避而远之,生怕行差踏错,惹来祸端。不管是被动的还是主动的,社会各阶层都遵循着一套避讳的礼仪制度。

秦汉之后,大一统的政治格局形成,皇权日益加强,君主之尊到了至高无上的地步。在这样的社会背景下,君王的名字当然不能随便称呼,尊长的名字也不能轻易书写,凡遇帝王或尊长之名都要想方设法避开。因此,历李朝历代的文献中,有一个非常显著的时代符号就是避讳。

避讳始于周，行于秦、汉，盛于隋、唐，严于宋，直到民国改元，避讳之习渐废。面对避讳之习，我们应该辩证地看待：不可全盘否定，将那些符合人文价值、符合时代发展的具有正能量的思想也废掉；同时应该看到它的局限性，不应被一些不合理的避讳弄得束手束脚，影响社会生产和个人的健康成长。

2. 避讳的种类

古代避讳的情况复杂，避讳的种类繁多，有国讳、家讳、圣讳、官讳、恶名讳、生活讳等，在这里我们略做梳理。

（1）国讳。

国讳，原本指的是最高统治者皇帝及其父祖的名字，因而又被称为君讳、公讳。但发展到后期，国讳的范围越来越广，涉及皇后及其父祖的名字、皇帝的字、前代年号、帝后谥号、皇帝陵名、皇帝生肖等。

刚开始的时候，国讳是一种自觉自发的行为，慢慢才变成了习惯，最后才由执政者以法律的形式确定下来。在汉代，触犯国讳被视为犯罪，轻者杖责，重者入狱。《续资治通鉴长编》中记载：上书奏事，犯祖庙讳，杖八十。

秦始皇的出生时间是一月（也就是古代的"政月（正月）"），因而取名为"政"，大名为"嬴政"。嬴政登基后，就把表示一月的"政月"改为"正月"，读音也改为"征"音，后来又将"正月"改为"端月"，官职"里正"改为"里典"——避的就是秦始皇名字中的"政"字。

在秦代以前，避人名讳一般只避真名、不避嫌名（与君王尊长名字读音相近的字)。《礼记·曲礼上》中说:"礼不讳嫌名。"三国之后,逐渐开始避讳嫌名。之后的历代典籍受此影响,避讳字越来越多。比如,隋文帝的父亲名忠,因为"忠""中"同音,"中"改为"内",官名"中书"改为"内史","侍中"改为"纳言"。在叙述嫦娥奔月的神话时,《淮南子·览冥训》中"嫦娥"本作"姮娥",因避汉文帝刘恒的名讳才改为"常娥",后类推作"嫦娥"。

宋代之后的国讳越来越严苛。一方面,官方规定的避讳字范围越来越宽。《容斋三笔》在谈到宋代帝王的庙讳时说:"本朝尚文之习大盛,故礼官讨论,每欲其多,庙讳遂有五十字。"大凡读书者都要把这 50 字牢牢记住,一旦在文章中出现这些字,乃至形似、音近的字,轻者一辈子就与官场绝缘,重者不说你也懂。另一方面,封建帝王为了巩固统治地位,常常对犯国讳之事杀鸡儆猴,施以酷刑。

另外,因为国讳问题的存在,帝王取名也有颇多讲究,比如,皇帝起名,不以郡国、山川、鸟兽、恶疾来取字,通俗来讲起名时不用常见字,方便百姓避讳;边疆皇帝为避中原皇帝的国讳而改名;哥哥当皇帝,兄弟要改名;开国皇帝登基,要改掉粗鄙的本名;少数民族的皇帝要改用汉名;趋吉避凶式的改名;等等。

除皇帝之外,因国讳而改名的还有年号、干支、姓氏、人名、地名等。

(2)家讳。

家讳,通常在家族内部遵守执行,需要避开父祖以及所有长

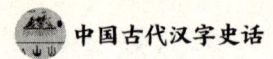

辈的名字（包含音同、音近之字）。其与国讳（公讳）相对，因此也叫私讳。国讳是在封建王朝的基础上发展起来的，家讳则是在宗法家族制度背景下发展起来的。

鲁迅《阿Q正传·优胜记略》中有："因为他讳说'癞'以及一切近于'赖'的音，后来推而广之，'光'也讳，'亮'也讳，再后来，连'灯''烛'都讳了。"这里说的就是典型的私讳。

相比国讳，家讳中寄寓了家中晚辈对长辈的敬仰、孺慕和怀念之情，强制意味没那么重，带有人文的自觉性，并且融入到了日常生活的一言一行当中。家讳其实是国讳的一种自然延伸，是国讳熏陶下国人尊宗敬祖观念的具体表现。

凡避讳，都要找一个意思相似的字来代替，还可能因为某种职务、某种器皿、某种食物等与父祖的名字相同，竟然辞官、不用、不食的。如果人名有两个字，只一个字涉及其中的便不算犯讳。

古代的世家大族，通常都非常看重家讳，因而下属官员为避冒犯长官的家讳，在他新上任时，往往要去请示一番，这叫请讳。有时，对于特别有名望的家庭，外族因为有所交往，出于礼貌也会尊重其家讳。

如果他人有冒犯家讳的行为，主人大致会分两种情况进行处理：一是他人无意冒犯，主人会通过面部表情加以暗示，或痛哭流涕，表达一种态度，以做暗示；二是他人有意冒犯，主人便会针锋相对，不作忍让，因为这是对他人底线的挑战。

家讳是受封建礼法的承认和保护的，《唐律》中就规定：凡是官职名称或府号犯了父祖的讳,不得"冒荣居之"。例如,父祖中有叫安的,不得在长安县任职;父祖名中有常的,不得任太常寺中的官职。如果本人不提出更改而接受了官职,一经查出后削去官职,并判入狱接受再教育一年。

朝廷对避私讳也比较用心,有时朝廷为了笼络臣下,避其家讳,不惜改文换字。宋人周密《齐东野语》卷四中记载:"后唐郭崇韬父名弘,朝廷改弘文馆为崇文馆。"朝廷的一个举动,使臣下感恩戴德,死心塌地地效命。

值得注意的是,有一些特殊的情况,是不在家讳范围内的。比如,"之"在人名中,代表的是名字主人的宗教信仰,与佛教"释""法""昙"用在名字中类似,就没有在家讳的范围内。因此,晋代王羲之有7个儿子,他们的名字分别是王玄之、王凝之、王焕之、王肃之、王徽之、王操之、王献之。

(3)圣讳。

圣讳,也叫贤者讳,是古代推崇的圣人、贤者的名讳,并不像国讳、家讳那样严格。圣人讳有民间自发形成的,也有朝廷规定的。朝廷规定圣人讳,大概是从宋代开始的,这时候的圣人包括人文始祖黄帝、"至圣先师"孔子、亚圣孟子、周公、老子等。

为避孔子"丘"字名讳,宋大观四年(1110年)规定:"以瑕丘县为瑕县,龚丘县为龚县。"清雍正时也规定"孔孟之名必须回避"。

从宋代到清代,从王室贵族到平民百姓,从书面语到口语,在遇到"丘"的时候不仅写起来要缺一笔(或写作"某",或朱笔圈之),读起来也要读作"休"。

1912年，民国参议院议员丘逢甲、丘复等，以姜太公子孙得姓于姜太公封国之国都营丘，早于孔丘，无先人避讳后人之理为由，在粤闽两地登报，呼吁族人恢复祖先肇姓之丘，自己率先垂范。

五四运动以后，许多邱姓摘下右耳重回丘家，中国台湾地区的丘姓在日本侵占时曾被迫改为日本姓，1945年光复后奉令复为"丘"姓。1955年《第一批异体字整理表》将"邱"作为"丘"的异体字予以淘汰。好在，1988年《现代汉语通用字表》重新确认"邱"作为姓氏使用时为规范字。因此，邱姓是为避圣人讳而改的，现在成了丘、邱两姓，原先都应该是"丘"姓。

在古代，人们因为尊崇圣贤之人而避讳，在现代则恰恰相反，很多地方都用为革命历史和建设事业做出过杰出贡献的人的名字、出生地、生活战斗过的地方命名，如中山市、左权县、黄骅市等。1986年1月23日，国务院颁布了《地名管理条例》并实施，让地名的命名管理更有法可依。

（4）官讳。

官讳，大致有三种：①为官之人自恃权势，明示或者暗示他人对其避讳，比如秦桧专权时，将食物的"脍"都改为"鱼生"；②下级官员或身份低微的人敬畏某位权势，溜须拍马，有意避其讳；③人们敬其德高望重，自觉自愿地避其名讳。

宗法严明的古代社会，有意挑战国讳的几乎没有，但挑战官讳，尤其是小官讳的人却大有人在。《齐东野语》卷四记载：宋朝宣和年间，有一个任常州知府名叫徐申干的人，自讳其名。某日，州属的一个县令一日来禀报，说某事已经三次申报州府，都没有施行。这位徐申干就暴跳如雷,呵斥道:"你作为一县之令,难道不知道避讳?是想故意侮辱我吗?"一般情况下,县令定会惊吓连连,赔罪认错,但这位县令并非等闲之辈,当即大声顶了回去:"今日的申报还不予答复,我就再申报监司,如果仍不见批复,我再申报户部、申报尚书台、申报中书省,申来申去,直到腿伸直、身(伸、身、申同音)死翘翘我才罢休。"说完扬长而去。这位气被得吹胡子瞪眼的知府还没法定县令的罪。

官讳,可以说是避讳在封建专制下进一步发展的产物了。

(5)恶名讳。

有圣人讳、尊者讳,自然也有恶者讳。古代避恶名讳的原因很多,有因仇视、厌恶、忌恨、恐惧避讳的,有的是由于政治原因,有的是私人恩怨,有的是因为作恶多端,有的是因为通敌卖国。但大多是惹了众怒,民怨四起才出的恶名避,比如秦桧。

秦桧夫妻跪地雕塑

秦桧是南宋的大奸臣,他死后就没有几个人再用"桧"字了。杭州西湖畔有一处始建于南宋嘉定十四年(1221)的岳王庙,庙前的铁铸雕塑——秦桧夫妇跪地像,说明了民众对秦桧的

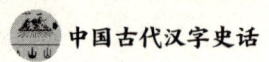

厌恶和怨恨。

（6）生活讳。

古代日常生活中也有避讳，这些避讳有两大特点：一是无处不在、无时不有；二是地域性比较强，此地避讳，彼地可能不讳，甚至还多家推广。

生活讳中非常重要的一个领域就是数字讳，如"四"与"死"因为音近，大家便对"四"敬而远之，尤其是与自身息息相关的车牌号码、门牌号码、电话号码等末位数为4都很少有人问津。

北方人磨面的时候忌说"完了"，而是说"得了"；南方的一些船民因"盛"与"沉"语音相似，说"盛饭"的时候就改为"添饭"，避忌沉船的"沉"。这些生活中的避讳，无不饱含人们对生活的期待。

趋吉避凶，是人的本能，也是人内心深处的企望。因此，生活讳的产生，不管是在过去还是在现在，不管是在国内还是在国外，都是自然而然会形成的事情。

如果说上述生活讳有些迷信思想了，不科学，但有一类生活讳却是值得称赞和推广的。

例如，对肢体伤残者，避免说含有歧视性的词语；对有宗教信仰的群体，应给予尊重，不应触犯其宗教忌讳；对一些少数民族或特殊人群，不用蔑称。这些生活讳，是团结人与人之间、社会群体之间的基本原则。类似的、合理的生活讳，是值得推广使用的。我们不应一味认为避讳就是落后的、不科学的，而应该看到它科学、合理、可继承的一面，去展现人与人之间的爱和关怀。

3. 古人的避讳技巧

通过上文我们知道，在避讳用字上，既要避，又要最大限度地保持原义，使上下文衔接顺畅，不影响阅读和理解，其实是需要一定的经验和技术的。下面我们来了解一下古人的避讳技巧，以免我们在进行古代文献的研究、学习和使用的时候因为不了解这些情况造成误判。古人的避讳技巧有很多，比如：①增减笔画；②用红笔圈起来；③改变字号的大小；④换成意思相近的汉字；⑤委婉地表达；⑥空字；等等。

（1）增减笔画。古代臣民不得直接书写尊者之名，但内容表达的时候又无法避开，如给尊者写信之类的，都是要称呼的，于是对需要避讳的文字通过增减笔画的方式达到避讳的目的。增减笔画，就是写字的时候，或是多一笔或几笔，或是少一笔或几笔。减少笔画，也叫作缺笔，是古人避讳比较常用的一种方法，通常省略该字的最后一笔或两笔。增减笔画的避讳方式开始于唐代，盛于宋代，传至明清。

（2）用红笔圈起来。这是在书写文字的时候，用红笔将尊者的名号圈起来，从而达到避讳目的的一种方法。《至正直记》中说："丘字，圣人（即孔丘）讳也，子孙读经史，凡云孔丘者，则读作某，以朱笔圈之。"因此，在古代，用红笔（朱笔）圈出，是在表示对尊者的尊敬，因为在中国红色被人们视为神圣、权威的象征。直到今天，各级文件都是红头的（简称为红头文件）、落款也是大红印章（中国共产党机关公文落款不加盖红章）。不过，就跟字词含义一样，同样的东西，随着时代不同，意思也可能发生改变，甚至是向相反方向改变。比如，法院公告中，常将某某人的名字打上红叉，表示就地正法，时间久了，用红笔写人的名就带有诅咒的意思了。老师改作业、作者编辑校对纸质稿件也常用红笔，是因为红笔醒目，便于对照，就不存在褒贬和避讳问题。

（3）改变字号的大小。在书写或者排印文字的时候，将需要避讳的尊者的姓名的字体放大，突出显示，表达对尊者的敬重之情。类似的方法，还有顶格排印——在古籍排印或书写的时候，将尊者的名号另起一列（古籍采用竖排）顶格书写，以示尊重。不仅有表示尊重把字体放大的，还有表示蔑视把字体缩小的。明沈德符《万历野获编》中说：因为对外族的骚扰、侵略非常仇恨，明世宗晚年特别讨厌看到"夷""狄"两个字，于是颁旨，凡遇"夷""狄"二字时，要把字体缩小，以表示憎恶之意。

（4）换成意思相近的汉字。汉字讲究形、音、义，在避讳的时候，也可以从这三方面下功夫，利用相近的字形、相近的音、意思相近的字词来对避讳字进行替换。比如，将"元来"改作"原来"，将"旦"改作"宁"，将"魂"改作"試"，等等。还因为"书"与"输"同音，便把"通书"称为"通胜"。

（5）委婉地表达。在进行语言描述或文字表达的时候，直接避开需要避讳的内容，用类似解释说明内容，委婉地表达，或者用代称称呼。比如，古代民间有的地方认为蛇有灵性，遇到蛇的时候不能说"那是蛇"，而应该称其为"龙"；当说到一个人死亡时，我们不说"他死了"，而说"他去世了"；等等。

（6）空字。古人为避讳，有时会利用空字法将应该避讳字的空而不写，或画框格，或写为"某"字。比如，《南齐书》为梁父（名顺）避讳，遇到其他的人名有"顺"字，就空着不写；唐人撰写《隋书》，为避李世民讳，将王世充写成"王充"，把徐世勣写成"徐勣"；等等。这在古籍中是非常常见的避讳方法，但也为后世带来了不少麻烦。很多现存史料人、事、物较少，很可能因为导致无法考证，造成对事实内容的错误理解，出现误认为"王世充"就是"王充"、"徐世勣"就是"徐勣"的情况。

古籍排印也常出现避讳的情况

避讳，不管是在古代还是在现代都是存在的，只是随着社会的发展、人类的进步，避讳不再专为上位者、尊者服务，而是走向了人类情感关怀、人类命运俯察这样更大的框架格局中。"历史""文化"往往是连接起来的——历史是锻造文化的旅途。相信，当有一天，文化结束旅行走到终点，留下的尽是人类的智慧、美好的期许和激荡心魂的精神内核。

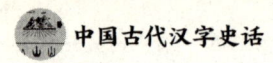

文字狱

春秋时期，孔子著述《论语》时，心存禁忌，不敢切论当世之事。秦始皇开立封建王朝之后，实行封建专制，对以文字为代表的各思想文化领域严加限制。到了汉代，避讳之风盛行，逐渐发展深入，甚至扭曲。到了明清，利用文字禁忌罗织罪名陷害文人的行为屡见不鲜。而这种利用文字禁忌罗织罪名陷害文人的行为叫作"文字狱"。文字狱祸害于人，实属文字发展之鄙陋，使好好的文字成了阴谋奸邪之人的杀人工具。这并非文字之错，实乃人心之过。

第四节 汉字中的佛教用语

宗教对语言的影响，不管在哪个国家都是存在的。这是因为，宗教通常深入各个阶层，以类似哲学的思想宣传其教义，且发展历史和寿命甚至长过政权集团的政治统治。在文化领域，宗教是有其明显的优势和强大的力量的。因此，作为文化语言载体的文字，自然会受到宗教相关术语的深刻影响。佛教，在我国属于外来宗教，但有着极强的生命力，经过发展之后已经扎根于中国这片土地上，并发展出了新的内容。今天，我们要特别提出来讲的是佛教对汉文字的影响和一些已经融入汉字当中的佛教用语。

佛教自汉代传入中国，经魏晋南北朝，发展到唐宋已经有了极为广泛的传播，特别是在达摩创立的禅宗盛行以后，佛教文化对汉语产生了巨大的影响，部分原本的佛教专用词汇，在佛教梵文经典翻译的过程中，加入了汉语大家庭。我们大体把佛教已经融入汉字并被广泛使用的词汇分为3类，分别是：音译词，与原来的语言发音相同或相近的词汇；意译词，按照意思，新组的词汇；旧词新用，过去就有、翻译时附加了新含义（类似旧瓶装新酒）的词汇。

1. 音译词

音译词，是汉语融合外来语言非常常见的一种词汇。佛教由古印度传入，佛教经典最初由梵文书写，其中的一些词汇是直接拿来就用的。之后，这些词汇慢慢融入汉语言文字，形成了我们今天日常通用的词汇，有些词汇如果不特别说明，我们也感觉不到它是由梵文音译而来的。由此可见佛教用语对汉语言词汇的影响之深。

比丘：男子出家修行，少年初受戒时叫沙弥，至20岁受具足戒叫比丘；女子少年初受戒时叫沙弥尼，20岁受具足戒叫比丘尼，加汉语词素后简称尼姑。

僧：男性佛教徒，出家人。

头陀：行脚僧人。

和尚：在梵文中指师父，在中国指佛教徒。

刹那：本指妇女纺一寻线所用的时间，梵文为"ksana"，古印度教表示很短的计时单位，在汉语中泛指极短的时间。《大唐西域记》中说："时极短者，谓刹那也。"

南无：恭敬、信从、礼拜之意。

阿弥陀佛：西方极乐世界中最大的佛，后世口头诵念以表示祈祷、祝愿、谢神之意。

偈：佛经中的唱词或诵词。

三昧：正定，指摒除杂念、专注一境的境界。引申义为精髓、奥妙，如"不知其中三昧"。

袈裟：僧侣披在外面的法衣，通常用长方形小片的布绰连而成。本意为"不正色"——法衣用色要避开青、黄、赤、白、黑五正色和绯、红、紫、绿、碧五间色。传入中国后，也有金镂袈裟等色彩艳丽的袈裟。

涅槃：意为灭度、圆寂，指脱离一切烦恼，进入自由无碍的境界，后指高僧逝世。

劫：指世界从形成到毁灭的周期性过程，一劫包括成、住、坏、空4个时间，后借以指天灾人祸，如"在劫难逃"等。

罗汉：又作阿罗汉，指佛家圣者。

菩萨：本义为觉有情、道众生，指上求佛法、下化众生的圣者，如观音、文殊、普贤、地藏等。在三乘中，菩萨的等级比罗汉高、比佛低。

菩提：光明自性，有顿觉、顿悟、智慧之意，也指人明心见性之后，突然大彻大悟，顿悟真理，达到超凡脱俗的境界。佛家认为，若证得光明自性，就达到涅槃的程度了。

夜叉：印度神话中的小神，能在空中飞腾、迅速隐蔽，佛家认为其为吃人恶魔，汉语用来指丑恶凶暴的人。

罗刹：本为古印度土著。雅利安人进入印度以后，诬蔑罗刹人凶恶可怕，"罗刹"成了一种黑身、朱发、歪眼的恶魔，佛教用来指恶鬼。

阎罗：最初在印度神话中是冥界唯一的王，但中国道教创造性地将阎罗王收编归为十殿阎王的其中一位，属于阴曹地府中的王（冥王），是中国古代宗教神话信仰中的一尊神祇。

魔：本义为障碍、破坏，佛教指妨碍修行、破坏佛法的邪神。

沙门：泛指不在家中居住生活，特指选择在佛教传统下出家生活的出家人。

舍利：相传为释迦牟尼佛遗体火化后结成的珠状物，后来泛指佛、高僧的遗骨，认为是修行功德练就的。

塔：一种佛教建筑，起源于佛教，有着特定的形式和风格，也称作窣堵坡，是佛教高僧埋存遗骨的建筑。

2. 意译词

意译是指翻译的时候，根据原来语言文字所表达的意思，用现有或现创的另一种语言文字表达出来的过程。佛教梵文经典中的语言词汇，不仅有音译的词汇，也有意译的词汇。

究竟：形容至高无上的境界，表示极尽之意。

烦恼：身心为贪欲所困而产生的精神状态。

平等：均平齐等，无高下、浅深之差别。

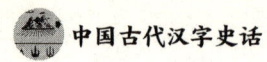

习气：由现行烦恼历久而形成的种种积习，后泛指难以改变的言行、习惯。

慈悲：与众生同乐为慈，拔除众生苦恼为悲。

世界：宇宙、天下，包括上下四方，古往今来。

世尊：教徒对如来的尊称。

道场：指供奉佛家、诵经礼拜、举行法会的地方。

地狱：苦厄世界。

苦海：比喻世俗世界。佛家认为人间的烦恼痛苦，深广如海。

轮回：众生如车轮，旋转于六道之中，只有成佛之人才能免受轮回之苦。

三生：生命的3个阶段，即前生、今生和来生。

因明：类似逻辑学的学说。（"因"是原因，"明"指学术）

圆满：佛家称佛事完毕，即"圆融无碍"之意。后泛指事情完美无缺，如功德圆满。

合掌：合两掌以表敬意，佛教的一种仪式。

金刚：护法神名。佛教护法神手执金刚杵，故以金刚为护法神名，如八大金刚。

法宝：佛教以佛、法、僧为三宝，这三宝皆为法宝，现指能够帮助人获取胜利的宝贝。

3. 旧词新用

比如，汉语中原先已经有这个字词了，在翻译的时候选用这个字词来表达所要翻译的内容的意思，即在原有词汇上附加一个新的含义。

布施：上古时指将财物予人，佛家用来表示为佛教徒提供饮食。

禅：本义为"静虑"。上古时指封土为坛、扫地为祭，佛家用来表示心中寂静，没有杂念。《顿悟入道要门论》中提到，妄念不生为禅，坐见本性为定。

法门：上古时指王宫的南门，佛家用来表示修行者入道的门径。

法事：上古时指合乎礼法之事，佛家用来表示供佛、施僧、诵经、修行等事。

精进：上古时指精干而有上进心，佛家用来表示勤修佛法，不懈地修善正恶，利益众生。后泛指学习刻苦，不断进步。

居士：上古时指未做官的士人，佛家指在家受过三规、五戒的教徒。

如意：上古时指符合心意，佛家用来称呼一种挠痒工具。

结果：原指结果实，佛家用来表示由于某个原因造成的后果。

众生：上古时泛指有生命的东西，佛家用来表示一切有情的人或物。

庄严：上古时"庄"和"严"一般是分开来用的同义词，偶尔连用以表示整治行装；佛家用来表示装饰、修养之意。"妙相庄严"中的"庄严"是从佛经翻译后的"庄严"发展而来的，与佛经原义不同。

> **知识链接**

来自佛教的成语

不可思议：原指不能去想、不可思想，后指无法想象、无法理解。

不二法门：没有其他途径和方法。

天花乱坠：佛在讲法时，有鲜花从天而坠，后指不停地说。

想入非非：佛家入定的一种方式，入定之前不能想其他杂事，有时连想其他杂事的念头也不能有。

五体投地：指两肘、两膝、头部匍匐于地，是一种拜佛的仪式，后表示心服口服。

当头棒喝：棒打、呵斥为禅宗使弟子顿悟的手段，有"醍醐灌顶"的意思。

功德圆满：本指法事、道场做完或做得很完美，后指取得了很好的成就。

回光返照：本指太阳下山之前，天空出现的短暂的更为明亮的现象。

叶落归根：比喻人死前回归故土。

六根清净：身心无杂念，指没有欲望。眼、耳、鼻、舌、身、意为"六根"。

一尘不染：佛家心中没有灰尘，不受污染，后比喻非常干净。

一佛出世，二佛涅槃：指被人打得死去活来。

第四章

有趣的古代文字

　　汉字，是为"记录"这个功能而生的，它记录我们的语言，代替我们的大脑，记录各种各样未来可供查询的内容。我们需要通过学习来理解它的含义，然后学习怎么使用它，理解它书写的文章内容——这是一个漫长而枯燥的过程。汉字的历史悠久，在发展过程中更是深入到了社会的各个阶层，和广大人们的日常生活、普遍思维、总体意识融合到了一起，发展出了富有趣味的娱乐文化。人们可以在闲暇之余，通过它们来娱情娱乐。

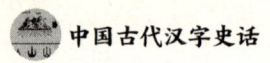
中国古代汉字史话

第一节　汉字的文化性

人们学习汉字、书写汉字，并在进一步的使用和发展的过程中，开发出了更多的功能，包括一些娱乐性功能，比如谜语、歇后语以及文学意味浓重的对联和诗词。

1. 歇后语

歇后语，是一种短小、风趣、形象的语句，是我国人民在生活实践中创造的一种特殊语言形式。歇后语大都来源于民间，集诙谐幽默于一体，是我国民间流传得最广的传统语言文化之一，反映了我国劳动人民的聪明才智。表现生活习俗的歇后语比比皆是，如：

小葱拌豆腐——一清（青）二白
炒韭菜放葱——白搭
炒了的虾米——红人（仁）
白水煮豆腐——淡而无味

鸡蛋里挑骨头——百般挑剔
长袍马褂瓜皮帽——老一套
戴斗笠穿西装——土洋结合
穿着汗衫戴棉帽——不相称
走亲戚拿块凉粉——失礼（理）

"歇后语"的"歇"就是停止的意思，"歇后"就是停止后面的话，而这后面的话才是真意所在。因此，歇后语带有隐语性质，一般由前后两部分构成。前半部分是对某一事物、某一种行为、某一种状态的描绘，像谜语里的"谜面"一样，起"引子"的作用，叫作"歇面"；后半部分是对前半部分所说的意思加以解释和说明，就像"谜底"一样揭示主题，是歇后语的重心所在，叫作"歇底"。比如：猫不吃鱼——假斯文。

前半部分"猫不吃鱼"，说的是一件不可能发生的事情，因为猫是很爱吃鱼的，后半部分"假斯文"是对前一部分描述的事情的一个定断。在具体应用的时候，就可以说那些假斯文的人："你也不用猫不吃鱼——假斯文了，想干什么就尽管干吧。"

歇后语是熟语的一种，相比成语、惯用语，用字通俗化、口语化，富有鲜明、生动、活泼的特点，具有明显的诙谐性。歇后语蕴含了深刻的社会历史文化内涵，能让人在一笑之后快速领悟到深层的社会及人生道理。最早出现"歇后"这一名称的是在唐代文献中。《旧唐书·郑綮列传》载有这样一则趣闻：

郑綮善写诗，诗里总带"刺"，诗的样式也有些怪，当时被人们称为"郑五歇后体"。这种本来登不得大雅之堂的怪诗体竟不胫而走，连唐昭宗也经常听到下人的吟诵。这些诗有很多是讽刺时弊的，但唐昭宗非但不怪，反而觉得诗中大有"蕴蓄"，亲笔批"郑綮可礼部侍郎平章事"。

郑綮当了宰相以后就寡言少语，不写什么带刺的歇后诗了，但歇后体却从此流传开来。

歇后语作为一种语言形式和语言现象，其实远在先秦时期就已经出现了。早期的歇后语，指的是社会上通用的成语、成句的省略。这类歇后语以典籍中的成语、成句为基础，大都是一种文字游戏，常常先做一个比喻，然后说出本意，需要有一定的文学功底才能理解，因而现在一般很少用了。比如，《战国策·楚策四》中的"亡羊补牢，未为迟也"就是这样的歇后语。

歇后语是一种现成的、内容固定的句子，可以将歇后语分为喻意和谐音两大类。

喻意歇后语，是利用某些有类似特点的事物来比拟想要说的某一事物，前半部分是一个比喻，后半部分是对前半部分的解释，可分为喻事类、喻物类、故事类。

喻事类，如：

大海里捞针——无处寻
飞蛾扑火——自取灭亡
耗子拉木锨——大头在后边
猪八戒照镜子——里外不是人
老牛追兔子——有劲使不上

喻物类，如：

太岁头上的土——动不得
秋后的蚂蚱——蹦跶不了几天
棋盘里的卒子——只能进不能退
草上的露水——留不住
兔子的尾巴——长不了

故事类，如：

八仙过海——各显神通
楚霸王举鼎——力大无穷
曹操吃鸡肋——食之无味，弃之可惜
白娘子救许仙——尽心尽力
包公断案——铁面无私

谐音歇后语，是利用同音字或近音字相谐，由原来的意义引申出所需要的另一个意义。这类歇后语，往往言在此意在彼，妙语双关，要转几个弯才能领悟它的意思，富有趣味性。比如：外甥打灯笼——照旧（舅）。

后一部分"照舅"是前一部分"外甥打灯笼"的表面意思，而"照旧"才是实际所要表示的意思。"舅"和"旧"同音，表面说的是"舅"，实际是指"旧"，这就是谐音双关。此类歇后语还有：

和尚打伞——无法（发）无天

旗杆顶上绑鸡毛——好大的胆（掸）子

腊月里的萝卜——动（冻）了心

下雨出太阳——假情（晴）

二两棉花四张弓——细谈（弹）

歇后语，丰富了语言的表达形式，使语言表达更加形象生动、幽默诙谐、妙趣横生、耐人寻味，富于表现力。歇后语中常见的修辞手法有：①拟人，为了增强形象性和生动性，许多歇后语把物予以人格化，把无生物或一般动物当作人来描述，使它们有人一样的思想感情和行为动作，如"夜明珠喘气——活宝""泥菩萨洗澡——越洗越脏""猫哭耗子——假慈悲"等，真切自然，感染力强。②夸张，为了更突出强调后一部分的本义所在，故意言过其实，对事物做扩大或缩小的描述，如"千里送鹅毛——礼轻情义重""高射炮打蚊子——大材小用""冬瓜大的茄子——嫩不了"等，给人以形象生动之感，能引起人强烈的共鸣，使读者获得丰富的审美感受。③双关，有意使后一部分的说明、解释具有双重意义，言在此而意在彼，巧妙地构成双关，如"上鞋不用锥子——真（针）好""一根筷子吃莲藕——专挑眼儿""水兵的汗衫——满是道道""柳树上开花——没结果""墙上挂竹帘——没门儿（没门路）""大路上的电杆——靠边站（失去权力）""快刀切豆腐——两面光（两边讨好）""水仙不开花——装蒜（装腔作势）"等，含蓄幽默，耐人寻味。④比喻，用某些有类似特点的事物来比拟想要说的某一事物，相当于修辞中的"比喻"，分为明喻、暗喻和借喻。

歇后语是经过千锤百炼形成的精言妙语，是语言的精华，是璀璨的明珠，体现了语言载体的实用价值，更展现出语言艺术的修辞价值。

2. 对联

每到春节，家家户户都会在门上贴对联，红红的对联喜气洋洋，添足了过年的气氛。对联是用汉字（或少数民族文字）书写的，用于悬挂或张贴在壁间柱上的两条长幅。它的特点是：上、下两条长幅分别为上联和下联，上、下联的字数要相等，但不同的对联字数上没有要求，从一个汉字到几百个汉字都可以；上、下联合起来，能够表达出一个完整的意思（只要能做到这一点，字数多少都可以）；构成对联基础的是对偶辞格（对偶辞格是汉语和汉字特有的一种辞格，通常由字数相等、结构相同或基本相似的字、词、词组、句子并列，用来表现相关的意思的一种辞格）；实用性很强，它是为某种实用目的而创作的。

对联是由古代私塾学童学习"对对子"直接发展而来的。可是，口头甚至书面练习对对子还不是对联。《分类字锦》《巧对录》等类书与联话书籍所录的，大抵是对子而非严格意义的对联。可见，对联是一项综合性质的成品，一副对联得为一个主题而创作出来，书写下来之后为张挂所用。

对联的发展历史大致经历了3个阶段：第一阶段，从萌芽时期发展到唐代的骈文对偶句时代；第二阶段，以明代为代表的

对　联

私家园林楹联艺术阶段；第三阶段，现代的艺术化、文化化对联阶段。

最开始的时候，对联是古代诗文辞赋中的对偶、骈偶，发展到唐代律偶的时候臻于完美。从先秦时期，民间就流传着一种风俗，把写有神荼和郁垒名字的桃符悬挂在门户的两边，用来驱除厉鬼，这种桃符也属于对联的一种。这两种对联形式到唐末五代的时候开始合流，后蜀孟昶在桃符上书写联句"新年纳余庆，嘉节号长春"以示吉庆，出现今天真正意义上的对联，被视为对联的首创。

到明代中后期，私家园林兴起，对联开始被镌刻在各种各样的楹柱上，还被悬挂在中堂的两侧，开始作为艺术品进行展示，供人欣赏品味。并且，对联能够用不同的书法字体展示不同的内容，得到了广大书法家的积极参与，使对联书法蓬勃发展。为了写好对联，人们开始把取法对象从法帖转向六朝碑版和秦篆汉隶，风格追求也从法帖流畅、潇洒、遒美、雅致的书卷气，转移到碑版苍茫、浑厚、博大、雄强的金石气，最后促成了书法艺术从帖学到碑学的转变。

到今天，现代建筑与过去的传统建筑形式风格都不一样，贴对联虽然仍在民间流行，但是与建筑的融合程度已经没有过去那么高了，只是作为民间习俗在保持。但是，作为书法艺术、文学艺术的保留对象，还是得到了很多书法、文学爱好者的喜爱和传播。现代对联不再注重楹联，也不常悬挂于中堂两侧，一般会将上下联并列在一起展示，因而也不再像以前一样强调一致性。

对联的展现形式有很多，各有各的美和侧重点。分开悬挂，则上下联之间有较大的间隔，为了避免被看作两件作品，创作时需要想办法强调它的整体感。

张挂对联的形式：上联在左，下联在右。也就是说，人面对这副对联的时候，上联在人的右侧，下联在人的左侧。上、下联必须是两个完全相等的长条形字幅状，悬挂时必须呈对称形式悬挂。我们有时见到的四合院中左右穿廊游廊之上，常嵌有相对的"东壁图书""西园翰墨"横幅，虽为工对，却只能算两廊的横幅罢了。对联有时候也会悬挂于楹柱上，这种对联被称为"楹联"，后来楹联发展为对联的雅称。相对来说，那些抄录下来的对联词句只可称为"联语"。

对对子，是古代学习作文的一项基本功，是为作诗、作骈文等打基础，从对对子到写对联是非常自然的过渡阶段。对联是汉族民族文化艺术的独特产物，只有从中国的汉族文化中才产生了完美的对联产品。为什么呢？这与中华民族的文化发展特色是分不开的。中华民族的文化发展与对联的发展形成息息相关，主要有以下特征：①融合自然、天地法则的审美情趣和哲学理念，将对联的审美提到高妙的境界；②汉语由单音节语素组成，成为发展对偶文句独一无二的载体；③汉字与传统文学相得益彰的发展模式，催生和巩固了对偶式对联的发展。无论从文章体裁与作法等方面来看，还是从古代留下的文学作品来看，语言文字中的对偶现象早就自发地在使用了。

这些特征深入影响了语言文字、文学艺术等方面，发展出具有中国特色文化产品。例如：

昔我往矣，杨柳依依；今我来思，雨雪霏霏（《诗经·小雅·采薇》）

诲尔谆谆；听我藐藐（《诗经·大雅·抑》）

惟草木之零落兮，恐美人之迟暮（《楚辞·离骚》）

满招损，谦受益（《尚书·大禹谟》）

博学而笃志，切问而近思（《论语·子张》）

事在四方，要在中央（《韩非子·扬权》）

骈体文和对联的关联

骈体文是中国特有的古典文学作品,是与散文文学相对而言的,主要特点是以四六句式为主,讲究对仗。因句式两两相对,犹如两马并驾齐驱,故称"骈体文"。对联是对偶文体发展到中晚期的时候出现的,越晚出现就对对偶的格式要求越严格。关于骈体文和对联的关联主要有以下两点:①承上而言,骈体文大家族对对联的影响巨大,可以把对联看成骈体文大家族中的一个远房支属,对联是骈体文领域中在实用范围内的又一次扩展,是一次趋向精练化和精密化的极端的发展;②骈体文中对偶的应用十分自觉而严格,但从汉赋起,也沿袭了一些习惯性的不成文的格律准则,如对起联系作用和表达语气的虚词没有提出很高的要求,对人名相对和地名相对等要求也较低。

3. 诗词

诗词,是中华民族传统文化中最灿烂的篇章。直到今天,人们还持续从流传下来的无数美妙的诗词篇章中感受幽微、深妙的情感,体悟人生于世的精神感触。作为优秀的传统文化,诗词可以让我们增加一条洞察世界的通道,可以让我们掌握一种表达人生情感的方法,将抽象的、无法言说的心灵感受融合到诗词当中,让人们能够穿越时间和空间实现精神情感的共鸣。

中国古代诗歌有古体诗和近体诗的分流。这种分流现象跟随南齐时期永明体出现，到初唐近体完全定型之后，古体与近体才作为唐诗的两种体裁完全区别开来。

古体诗，是对唐代人而言的，学习了汉魏六朝五言诗的体制与风格，没有声律与对仗方面的固定要求，在形式上比较自由。这种自由主要表现在：①用韵可以用平声韵，也可以用仄声韵（近体诗只能用平声韵）；②古体诗不需要遵守近体诗的平仄格式。按每一诗句的字数，大致可将古体诗划分为五言古体和七言古体，且杂言诗也包含在七言古诗中。古人有时也把四言诗称为古诗的一种，实际上，它的体系和这里的古体诗是不同的。对于唐宋的诗人来说，古体、乐府体原本都是汉魏六朝的诗体，他们自己当代的诗体是近体。只是因为复古思想在唐宋诗坛中占主流，所以诗歌中的古体系统从汉魏六朝一直延续到唐宋元明清，相当于古体诗写作传统的延续。

近体诗，即唐代的格律诗，也简称律诗，是与唐人同时使用的古体、歌行体等传统体裁相对的一种体裁。格律诗与今天所说的"律诗"在概念上有细微的不同。格律诗之所以被称为近体，是因为这种讲究声律、对偶的声律体出于齐梁，与唐人的时代较近，有近代诗体或新近流行诗体之意。近体诗对一首诗的句数、每句的字数、句与句之间的平仄关系、句末的押韵都有严格的规定，但随着它的普及，很快就成为唐宋诗坛上最为流行的体裁。唐宋以后的各个时代，近体也一直是主要的诗体。

唐宋人的古体，语言趋于古朴、古雅、古奥，近体的语言风格趋向流行，更为平易，更接近唐宋人实际使用的语言，包含大量的口语成分。近体分为绝句和律诗两大类，有五绝、七绝、五律、七律和五排（五言排律）、七排（七言排律）。

随着语言文化艺术的发展，词出现了。词，又称为长短句、曲子词，为诗之余，是晚唐五代兴起的新的文学题材。它的产生和音乐有特别紧密的关系，因为早期的词都是配合宴乐乐曲而填写的歌词。所谓词曲，词指文辞，曲指曲调，曲子词就是配合音乐演唱的歌词。宋人所作之词强调词的音乐性质，但在后来的发展过程中都简化为词了，并且逐渐成为脱离曲而存在的一种独立的文学体裁。与格律严谨的诗歌不同，词的句子大多长短不一。随着词这种文学体裁的发展，发展出婉约派和豪放派两个风格迥异的派别。婉约词长于本色，取材、风格近于保守，但过度效仿，容易写得千篇一律；豪放词多突破乐章本色，取材、风格多有开拓，但过度效仿，易流于粗犷、槎枒。

不管是诗还是词，都讲究对仗，也就是对偶，需要两两相对，排列整齐，如同仪仗。对仗，是一种修辞形式，它是人们在修辞活动中自然产生的，并不局限于诗歌。刘勰《文心雕龙》中有："造物赋形，支体必双；神理为用，事不孤立。夫心生文辞，运裁百虑，高下相须，自然成对。"

在近体诗对仗原则确立之前，《诗经》中已有不少对仗句了，例如，《邶风·柏舟》中的"觏闵既多，受侮不少"，《齐风·南山》中的"南山崔崔，雄狐绥绥"，严格意义上都已经是对句了，只是《诗经》中这种严格的对句不多而已。

到了汉魏六朝时期，随着文人诗的产生和发展，诗歌中的对仗艺术开始成熟。《古诗十九首》中就有不少对仗，如"胡马依北风，越鸟巢南枝""青青河畔草，郁郁园中柳"等。魏晋以后，诗人运用对仗的意识更加自觉，诗歌中的对仗就更常见了。曹植、陆机、谢灵运都是在对仗艺术的发展史上做出重要贡献的诗人。以讲究自然作风著称的陶渊明的诗歌中，也有不少对仗，《归园田居》就差不多全篇用对句。谢灵运的有些诗歌，几乎全篇都是对仗，如其名作《登池上楼》：

潜虬媚幽姿，飞鸿响远音。
薄霄愧云浮，栖川怍渊沉。
进德智所拙，退耕力不任。
徇禄反穷海，卧疴对空林。
衾枕昧节候，褰开暂窥临。
倾耳聆波澜，举目眺岖嵚。
初景革绪风，新阳改故阴。
池塘生春草，园柳变鸣禽。
祁祁伤豳歌，萋萋感楚吟。
索居易永久，离群难处心。
持操岂独古，无闷征在今。

可见，唐人近体诗的对仗是从古诗里面发展过来的。近体的修辞艺术，其实是对句和散句的平衡合理地使用。

诗词的生命力，是伴随着人的精神性灵而存在的，我们通过了解、学习乃至传承中国古典文学的精华，能够滋养我们的性灵，并将这种美和价值传递到后世。

■第四章 有趣的古代文字

第二节　有趣的汉字组合

在汉字的创造过程中，有时候会对一个字形进行叠加来表示一个新的、有一定关系的含义，比如，三木为"森"，森林里有很多树木，含义和字形都被整合在了一起。除了为新含义的需要造字之外，还有因为书法艺术的发展形成的艺术文字等。这些汉字通过不同的组合，发展出各种有趣的字形。

1. 汉字的合体艺术

合体字，本来是一个常用词语、词组，但由于这些词语、词组在方言中使用的频率很高，就把这些词语原封不动地组合成了一个独有的汉字。比如：

不正——歪
不好——孬
不用——甭
不要——覅

勿用——甭
只要——嫑
勿要——覅
勿曾——朆
甚少——尠

合成字的特点是，意义与原来的词语或词组完全相同，并不会使人产生歧义。合成字因为是由一个词语的组合，有的部首也是其中一个字本来的部首，如"嫑"的部首是女部。

先秦时期，君主通常把几个篆字合并在一起，刻在竹或木上，再剖为两半，双方各执一半，合之以验真假，用来传达命令或征调军队。在汉代，道教流行，这种汉字的合体手法被道士借用到符箓上，称为"复文"。因为合体字长期被应用在道教符箓上，被认为具有召鬼神、镇精魅的奇特力量，民间受其影响，以吉语合成文字，或完全合为一字，或连笔书写成一字，被称为"吉利字""吉语字"和"吉祥合体字"。最晚从宋代起，合体字就由道士画符演变为民众表达避凶。

"日進斗金（日进斗金）"合体字

■ 第四章 有趣的古代文字

"招財進寶（招财进宝）"合体字

"黃金萬兩（黄金万两）"合体字

"吉祥如意"合体字

相传，明代才子唐伯虎还独创汉字"日日有见才"的合体字，表示学如逆水行舟，不进则退，勉励自己每日都要勤奋学习。

"日日有見才（日日有见才）"合体字

孔子、孟子都是读书人的楷模，因而合体字"孔孟好學"常常出现在书斋、书院等处，以激励读书人发奋学习。

"孔孟好學（孔孟好学）"合体字

相传，魁星是文运之神，乃天上的文曲星下凡，因为相貌丑陋，连续3次考状元都未中，于是一怒之下将装书的木斗踢掉，投江而死。百姓仰慕其才华，将他塑造为神，借"魁星踢斗"之题，以求文运高照。

第四章 有趣的古代文字

"魁星踢斗"合体字

八仙，是民间传说中广为流传的道教的8位神仙。分别为：

（铁）拐李先生德道高，（汉）钟离盘石把扇摇，
（曹）国舅手执云扬板，（张）果老骑驴走赵桥，
（吕）洞宾背剑清风客，（韩）湘子瑶池品玉箫，
（何）仙姑敬奉长生酒，（蓝）采和花篮献蟠桃。

中国古代汉字史话

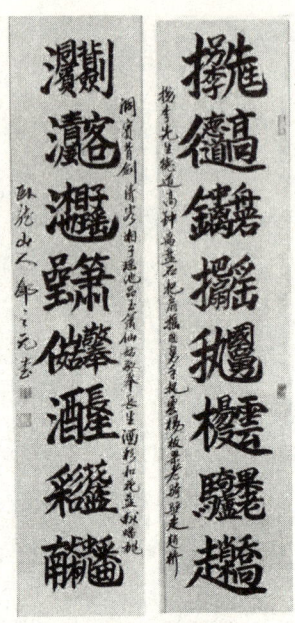

八仙合体字

2. 有趣的组合字

在汉字中，组合形成并被广泛使用的字有很多。

众：三"人"为众，多的意思。

品：三"口"为品，物品。

森：三"木"为森，形容树木多。

垚：三"土"为垚，山高。

晶：三"日"为晶，光亮。

淼：三"水"为淼，形容水大。

犇：三"牛"为犇，同"奔"。

淼：三"水"为淼，本意为水大的样子。

/156

焱：三"火"为焱，火花，火焰。

磊：三"石"为磊，形容石多。

矗：三"直"为矗，直立，高耸。

骉：三"马"为骉，许多马跑的样子。

馫：三"香"味馫，古同"馨"。

龘：三"龍"为龘，群龙腾飞的样子，古同"龖"。

飝：三"飛"为飝，引申为飞得极快之意。

鱻：三"魚"为鱻，原指生鱼，是鲜的异体字，后解释为味道鲜美、新鲜、明丽之意。

麤：三"鹿"为麤，"粗"的异体，死死地顶在一起，表达动粗的意思。

靐：三"雷"为靐，雷声的意思。

飍：三"風"为飍，惊跑的样子。

灥：三"泉"为灥，本义为众泉汇流。

朤：四"月"为朤，古同"朗"，表示明亮。

3. 汉字聊聊天

如果一个汉字就是一个人，那汉字大家庭就热闹了，大家相互聊聊天，总有说不完的话。那它们遇到对方的时候会聊些什么呢？

巾对币说：你戴上博士帽，也就身价百倍了。

尺对尽说：结果出来了，你怀的是双胞胎。

臣对巨说：一样的面积，我却有三室两厅。

比对北说：夫妻一场，何必闹离婚呢！

晶对品说：你家还没有装修啊？

自对目说：你单位裁员了？

茜对晒说：出太阳了，咋不戴顶草帽？

个对人说：不比你们年轻人了，没根手杖几乎寸步难行。

兵对丘说：战争多残酷啊，你两条腿都炸飞了。

占对点说：买小轿车了？

大对太说：做个疝气手术其实很简单。

日对曰说：兄弟，你该减肥了。

土对丑说：别以为留了披肩发就好看！

寸对过说：老爷子，买了躺椅了？

由对甲说：练一指禅挺累吧？

叉对又说：你什么时候把痣去掉了？

果对裸说：哥们儿，你穿衣服还不如不穿。

平对苹说：哥们，用点好洗发水吧，瞧你那脑袋脏的，都长草了。

驴对马说：大兄弟，跑地快没用，赶紧把户口上了吧！

汤对烫说：哥们，快点回家吧，你家后院起火了。

邪对阪说：咋整的，耳朵都长反了？

王对皇说：当皇上有啥好的，你看，头发都白了。

力对咖说：兄弟，拎两个大箱子要到哪儿去呀？

巴对爸说：你可真够孝顺的，整天背着你家老爷子溜达。

户对扇说：不让你开窗，你偏不听，羽毛飞进来了吧？

炊对吹说：我又烧火又做饭，你光动动嘴皮子，这日子没法儿过了!

春对春说：哥们，快点回家吧，裤子开线啦！

凸对凹说：小样儿，以为把脑袋缩回去我就不认识你啦？

丰对卅说：哟，这是怎么啦，大白天的，咋还躺地上了呢？

十对千说：攀上高枝，身份就是不一样啊！

盯对丁说：唉！好可怜，天生的瞎子。

木对束说：别以为系条皮带我就不认识你了。

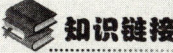 知识链接

坟、墓、冢、陵的区别

"坟"字的繁体字为"墳"，由"土"和"贲（小土包）"组成。"墓"字由"莫（代表太阳）"和"土（人埋在土里）"组成，墓是平的，太阳（"莫"）照过来就落入地下了，人埋在下面，上面什么也没有。坟是埋老百姓的，坟的旁边会种柳树；冢是埋诸侯的，冢的旁边会种柏树；陵是埋帝王将相的，陵的旁边会种松树。

第三节 汉字游戏

古人喜欢根据汉字的形体结构和汉字的字意，对当下或未来时间的吉凶祸福进行预测，类似利用文字进行的问卜活动。古人

也对汉字的结构，根据汉字的字意拆拆解解，组合出不同的游戏规则，以供人娱乐。这种娱乐游戏是要建立在对汉字字形字意非常熟悉的基础上的，适合受过精英文化教育的名门女子或读书男子娱乐。它既可以单独看书拆解着玩，又可以众人相互拆解，属于古人非常健康有趣的娱乐文化。

1. 测字游戏

"测"就是预测，属于一种占卜活动，"字"在这里属于占卜工具。测字，就是对目标汉字进行拆解，然后对拆解结果进行解读，达到探知过去、未来的目的。最开始的测字叫作拆字，隋代称破字，宋代改为相字。清代纪晓岚曾用"似神异而非神异"来解说测字的真谛。

《后汉书·五行志》中有："凡别字之体，皆从上起，左右离合，无有从下发端者也。"与文字学中的形训不同，拆字是为了给自己的某个观点寻找依据，通常随心而起，恣意附会，没有一定的科学性，顶多有大致的规则，甚至每个人的拆解习惯不同、规则预设不同，拆解方式和拆解结构都会不同。这一点，和占卜之类相关的谶纬之学有类似的宗旨，因而很多人将它们联系起来，或者归为一类进行研究，并不与依据科学方法进行研究的文字学是有根本区别的。文字学中的形训是依据科学方法，对字形进行合理的分析，进而探求字的本义的学科。

测字，古人并不将其视作正规的学术，只是作为一种娱乐游戏，因为测字术具有占卜意味——这是正统儒家思想非常排斥的。

随着汉代谶纬之学的兴起，测字也在这一时期形成和发展了起来。《汉书·艺文志》中说："后世经传既已乖离，博学者又不思多闻阙疑之义，而务碎义逃难，便辞巧说，破坏形体。"颜师古注："苟为僻碎之义，以避它人之攻难者，故为便辞巧说，以析破文字之形体也。"

国号、年号是一国统治指向性非常明确的标志，人们经常喜欢将其作为拆字对象，进行分析，揣摩其吉凶。《汉书·王莽传》中说："夫刘之为字，卯金刀也。正月刚卯，金刀之利，皆不得行。"《后汉书·光武帝纪论》亦载："王莽篡位，忌恶刘氏，以钱文有金刀，故改为货泉，或以货泉字文为白水真人。"

洪迈曾有如下详论：

自汉武建元以来，千余年间，改元数百，其附会离合为之辞者，不可胜书，固亦有晓然而易见者。如晋元帝永昌，郭璞以为有二日之象，果至冬而亡。桓灵宝大亨，识者以为一人二月了，果至仲春败。萧栋、武陵王纪，同岁窃位，皆为天正，以为二人一年而止，其后皆然。齐文宣天保，为一大人只十，果十年而终。然梁明帝萧岿亦用此，而尽二十三年。或又云，岿巂尔一邦，故非讥祥所系。（洪迈《容斋续笔》卷十三）

进入宋代之后，拆字之风大盛，社会各个阶层，包括统治者，无不热衷于此，还出现了跟风水占卜师一样专门从事测字工作的相字从业人员。明清时期的测字摊点更是遍布大街小巷，所测内容无所不包，但有所问皆可出字拆解，探寻吉凶祸福。

要知道，老百姓面对生活，当人力无法左右的时候，只能求神或者求一心安。测字占卜之所以在中国古代社会长盛不衰，跟广大劳动民众生活的苦难和权力阶层的永不满足的利欲追求是分不开的。但有所问，必有所求，只是所求之物各不相同罢了。在这样的背景下，专业些的像梅花易数，一般的像摘花问卜，再到方便操作、解说丰富的测字问卜，才会发展繁荣。

这样的情况在一些文学作品中也有反映，比如曹雪芹《红楼梦》第九十四回中有：

一面林之孝家的进来说道："姑娘们大喜。林之孝测了字回来说，这玉是丢不了的，将来横竖有人送还来的。"众人听了，也都半信半疑，惟有袭人麝月喜欢的了不得。探春便问："测的是什么字？"林之孝家的道："他的话多，奴才也学不上来，记得是拈了个赏人东西的'赏'字。那刘铁嘴也不问，便说：'丢了东西不是？'"李纨道："这就算好。"林之孝家的道："他还说：'赏'字上头一个'小'字，底下一个'口'字，这件东西很可嘴里放得，必是个珠子宝石。"众人听了，夸赞道："真是神仙。往下怎么说？"林之孝家的道："他说：底下'贝'字，拆开不成一个'见'字，可不是'不见'了？因上头拆了'当'字，叫快到当铺里找去。'赏'字加一个'人'字，可不是'偿'字？只要找着当铺就有人，有了人便赎了来，可不是偿还了吗。"

按，贾宝玉的通灵宝玉莫名丢失，便通过测字以寻求去向。测字先生先把"赏"字分拆出"小、口"，断定是珠玉之类。再分出贝,又改作见,进而引出不见。再分出尚,加上"田"而为"當",于是"叫快到当铺里找去"。

吴趼人《二十年目睹之怪现状》中第三十四回中有:

我便走近一步,只见摊上写着"论字四文"。我顺手取了一个纸卷递给他。他接在手里,展开一看,是个"捌"字。他把字写在粉板上,便问叩甚么事。我道:"走了一个人,问可寻得着。"他低头看了一看道:"这个字左边现了个'拐'字之旁,当是被拐去的;右边现了个'别'字,当是别人家的事,与问者无干;然而'拐'字之旁,只剩了个侧刀,不成为利,主那拐子不利;'别'字之旁明现'手'字,若是代别人寻觅,主一定得手。却还有一层:这个'别'字不是好字眼,或者主离别;虽然寻得着,只怕也要离别的意思。并且这个'捌'字,照字典的注,含着有'破'字、'分'字的意思,这个字义也不见佳。"

从上面的例子,我们可以知道,人们通过拆解汉字,对所问事项的结局做一番预测,最好能使人夺得天地自然万物变化的先机,达到趋吉避凶的目的。

晋代的索就,字叔彻,敦煌人,少游京师,受业太学。精天文八卦,善术数拆字,为通儒。这里举《晋书·艺术传·索紞》中有关他测字的故事:

宋桶梦内中有一人著赤衣,桶手把两杖,极打之。曰:"内中有人，肉字也。肉色，赤也。两杖，箸象也。极打之，饱肉食也。"俄而亦验焉。

关于测字，宋代最有名的是四川成都的谢石，他以拆字言人之祸福、物之所在、事之所趋无不奇中而名闻天下，以至深居九重的皇帝也要请他为其测字。清代纪晓岚在《阅微草堂笔记》中评价他："至宋谢石辈，始以是术专门，然亦往往有奇验。"

相传，有一天，宋徽宗微服私访民间，正走在大街上，遇到了谢石，于是用手杖在地上画了一横让谢石测。谢石看了这一横之后大惊，便请宋徽宗再写一字。徽宗便又写了一个"问"字，因为地上不平，手杖被土梗绊住，土星灰尘两边飞出。谢石看后更加吃惊，说："前一字土上添一横画，乃'王'字也；后写'问'字，两边飞出，左右皆君，必是皇上也。"遂叩首参拜于地。

徽宗听了谢石的话之后，说："请勿多言，明日召卿。"第二天，宋徽宗召见谢石，写了一个"春"字让他去解。谢石说："秦头太重，压日无光！"因为当时秦桧操持国政，徽宗听了，很不高兴，便赐责命出。不久之后，掌权的秦桧暗地里罗织罪名，将谢石发到岭南充军。

谢石充军途中由一名兵卒押解，途中遇到一手拿一招牌，上书"相字"的人，依山而立。谢石见了心想：莫不是此人也像我一样精通测字之术？他就在地上写了自己的姓"谢"字令测。那人对他说："先生乃术士也！"谢曰："何以见之？"那人曰："谢字者，乃寸言之中立身者也！"谢遂又写自己的名"石"字令解。

那人道："此非好兆也！石边立有一卒，乃碎也！"遂问旁边的兵卒贵姓，兵卒答曰："姓皮。"只见那人惨然地对谢石说："石逢皮乃一破字，子此行将不返矣！"谢石说："在下也略通术数，此乃数定，固难逃也！请写一字，看吾断子之行藏如何？"那人说："吾已在此，即是字，何需再写？！"谢石听了心里一震，遂道："人立山旁乃仙字，子其仙乎？"只见那人笑而不答。但一转身，便了无踪影。后来谢石果然被害。

类似上方的测字应验的神奇故事还有很多。就像今天仍旧流行的许多占卜方法一样，测字属于一种流行在中国古代的占卜方法。那么，这种占卜到底科不科学呢？如果不科学，怎么会有那么多灵验的故事呢？要说它科学，又拿不出支持其科学的依据；要说它不科学，很多灵验之事似乎又无法解释。

其实，对于熟悉历史，能够通过古人积累的学识和经验，加上今天看待事物的思维逻辑方式和思维逻辑能力，我们应该不难进行揣测：所谓测字灵验，不过是一个学识、眼见广博，能分析判断世事人心的人，通过测字这一端口，将一件事情进行预测罢了。这是非常科学的逻辑思维形式，只是一个人如果没有对等的学识和思维能力，就算跟他分析也没有用。大脑里有了一定的分析判断，心领神会之后，当然就可以对一些事情进行预测了，并且预测得非常准确。

2. 拆字游戏

可能测字发展于拆字游戏，也可能拆字游戏发展于测字。总之，与占卜问事进行的拆字释读不同，拆字游戏通常是古人非常

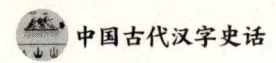

有趣的娱乐文化项目。

借汉字发展出来的各项娱乐节目,是古代文人雅士文娱活动项目的主要来源,会被用在一些社交场合,用来活跃气氛,发生互动,实现社交目的,是一项既文雅又有趣的活动。比如《红楼梦》第二十三回中有:"低吟悄唱,拆字猜枚,无所不至,倒也十分快意。"说的就是拆字游戏的意趣。

拆字可以含蓄内敛又意趣盎然地进行思想感情表达,因而利用拆字写作的对联、诗词,都深受人们青睐。

(1)拆字联。

根据字形特征,将一个字拆解为多字或将多字合为一字,分别构成字面上的对偶关系,引申出在意义上具有某种特殊含义或在形体特征上寄寓某种特定意义的对句,组成对联。在娱乐的同时,也将人们崇尚意趣高雅的文化审美追求展现了出来。

相传,朱元璋年少困顿,流浪之时,到一名叫珠宝的单身女子家留宿,珠宝与朱元璋交谈甚深,她认为朱元璋有英雄豪杰之势,敬慕之心顿起,于是出了一个上联来试探:

深山藏珠宝,你说是朱家宝?王家宝?

朱元璋想到往昔邻家生孩子的情景,立即回道:

半夜生孩儿,我管他子时儿!亥时儿!

上联,珠宝将"珠"字拆为"朱""王"二字,既合自己的身份，又暗藏以身相许之意，有一语双关之意；下联，朱元璋将"孩"字拆为"子""亥"二字，既显示出他的机智，又暗含超乎常人的洒脱霸气。

除此之外，还有亦拆亦合、合拆绝妙、形意俱佳的一副对联：

上联：欠食饮泉白水何堪足饱
下联：无才抚墨黑土岂能充饥

上联，先是合"欠""食"二字而为"饮"，接着又拆"泉"字为"白""水"二字；下联，先是合"无""才"二字为"抚"，接着又拆"墨"字为"黑""土"二字。

明代杨溥，自幼聪慧。有一次，杨溥的父亲被官府抓去服劳役，杨溥恳求县令网开一面。县令就以对对子为条件，出了上联：

四口同图内口皆归外口管

县令的意思很明显，他借"图"字炫耀自己的威权，表示自己对全县百姓有生杀予夺的权力。杨溥听后，随口回道：

五人共伞小人全仗大人遮

杨溥巧妙地借"伞"的形体特点和功能，含蓄地请求县令网开一面,释放父亲。县令听后点头称许,便令衙役放人。

(2)拆字诗词。

除了拆字对联之外,拆字诗词也是拆字游戏中比较常见的一种,尤其受到文人墨客的喜爱。唐代诗人陆龟蒙的诗《鸣蜩早》中有:

闲来倚杖柴门口,
鸟下深枝啄晚虫。
周步一池销半日,
十年听此鬓如蓬。

将诗的题目"鸣蜩早"三个字拆开,就是"口鸟虫周日十"六字,在诗中依次把这6个字巧妙地蝉联在诗句的首尾,在诗歌文意表达不受影响的同时,还能与诗歌的内容融为一体,可谓匠心独运。

南宋词人刘一止在《苕溪集》中说:"山中作拆字语寄江子我郎中,比曾以拆字语为戏,然卒未有以为诗者,请自今始。"作成一首有离有合的拆字诗,诗曰:

日月明朝昏,
山风岚自起。
石皮破仍坚,
古木枯不死。
可人何当来,

■ 第四章　有趣的古代文字

意若重千里。
永言咏黄鹄，
志士心未已。

　　诗的前四句，每句的第一个字、第二个两个字相结合，就可以组成第三个字，即"日""月"合为"明"，"山""风"合为"岚"，"石""皮"合为"破"，"古""木"合为"枯"。后四句中，一、三句仍采用合字法，而二、四句则采用拆字法，即"重"拆为"千""里"，"志"拆为"士""心"。拆合并用，整首诗显得灵活多变，游戏意味浓郁。
　　更有将字形拆合与内容高雅、巧妙地结合的，可以算是一种独特的艺术形式了。如：

上联：琴瑟琵琶八大王，八大王单戈对伐
下联：魑魅魍魉四小鬼，四小鬼合手擒拿

　　据说此联出自公元1900年八国联军攻陷京津两地之时。骄横傲慢的所谓中国通出了上联，民族气节尽丧的清廷官员个个面面相觑，反而由清廷要员的一个下属愤然对出下联，回击了帝国主义分子的嚣张气焰。这个所谓的中国通，拆"琴瑟琵琶"为八个王指八国联军。下联八国联军比作"魑魅魍魉"，斥八国联军为"四小鬼"。
　　拆字诗词，需要深厚的学识功底、敏捷的应变能力，不管是在正规严肃的场合还是在附庸风雅娱乐玩耍之时，都有见招拆

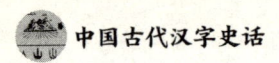

招、针锋相对的淋漓畅快感。

（3）拆字酒令。

酒文化，是我国历史悠久、深入社会各个阶层的一种文化，行酒令是社会生活中非常具有娱乐性和社交效用的一种活动。甚至将它与统治者的施政相提并论，称作"觞政"。行酒令有特殊的规约，讲究章法，因而又叫作"酒章""酒律"。行酒令有很多种，其中文化意味浓厚、富有趣味的就是拆字酒令。

下面，我们介绍三种比较常见的拆字酒令：采用拆、离、粘并用，以引出成句；以拆字作引发，提出行令者的本意；通过增减字的偏旁，引入俗语。

清人周亮工《字触》载：苏州人钱兼山和郭剑泉因买卖田产而起争执，虽经太守判决，但仍怒气难消。为了消解二人的怨怼之气，有一官员请太守和他俩宴饮，席间行酒令。郭剑泉举令曰：

"良"字本是良，加"米"也是粮。除却"粮"边"米"，加"女"便是"娘"。

郭剑泉依托"良"字，分别为"米""女"加上偏旁，依次组合为"粮""娘"二字，旨在引出俗语"买田不买粮，嫁女不嫁娘"，表明自己对双方买卖田产而起纠纷的态度，借机讽刺钱兼山。

钱兼山接令道：

第四章 有趣的古代文字

"其"字本是其,加"水"也是淇。除却"淇"边"水",加"欠"便是"欺"。

钱兼山与郭剑泉针锋相对,借"其"字,分别为"水""欠"增加偏旁,组合为"淇""欺"二字,旨在引出俗语"马善被人骑,人善被人欺",暗指自己乃善良之人,对方分明是欺人太甚。

太守还令曰:

"禾"字本是禾,加"口"也是和。除却"和"边"口",加"斗"便是"科"。

钱郭二人的纠纷需要太守来裁决,因此,太守借行酒令之机,郑重地表达了自己的观点:官府断案"和"字当先,为化解二人之间的矛盾,请二人尊重自己的判决,并行令劝和,希望双方顾念旧交,和好如初。于是有:

"工"字本是工,加"力"也是功。除却"功"边"力",加"纟"便是"红"。

拆字是最能展示一个人的才华和智慧的,我国古人向来尊重有才华之人,而有才华之人也喜欢利用拆字这种行为来表达观点,尤其是对心中不满之事进行戏谑。不管是含蓄地表达情感,还是骂人不带脏字,既不用撕破脸,又达到了发表意见、舒泄情绪的目的。拆字游戏显示了汉字的精深魅力,因而拆字游戏直到

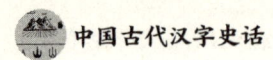

今天还为人津津乐道，备受文人雅士的喜爱。

3. 谜语

在古代，人们在进行语言交流时，时常会因为某种原因，不便直接表达心中所思所想，需要采用一种迂回的方式告知或提示对方。谜语就是在这样的情况下逐渐萌芽和发展出来的。经过数千年的演变和发展，中华谜语形成了现今的体系格局，成为中国极具特色的文化娱乐游戏。从古至今，猜谜游戏都是雅俗共赏、富有趣味的娱乐游戏。

谜语源自民间，是古人用集体智慧创造出来的，是我们的祖先在长期生产劳动和生活实践中创造出来的，无法将其归属于谁发明或创造的。民间称谜为谜语、文义谜为灯谜，统称为谜语。最初，谜语只是作为民间口头文学出现，经过文人加工、创新之后就有了文义谜。根据一些古文献资料表明，大约在奴隶社会时期，人们已经开始懂得利用隐晦曲折的歌谣来表达思想感情。比如，夏桀时代，政治暴虐，百姓苦不堪言，于是作诗表达心中感慨，就有了《书经·汤誓篇》中的"时日曷丧？予以汝偕亡"。意思是说："太阳何时才能丧亡呢？让我和你一同消亡吧。"这种隐喻方法的延伸，就发展出了我们所知的猜谜游戏。

不管是在《诗经》、古诗词篇章中，还是在民间俗语谚语中，这种"曲折隐喻"的语言表达都非常普遍。谜语一般由谜面、谜目和谜底三部分组成，有些运用迷格制成的灯谜还有迷路。在下面的谜语中，"第一个教室"是谜面，"学校用语"是谜目，"先进班级"是谜底。

谜面：第一个教室（学校用语）

谜底：先进班级（作"最先进入班级"解）

谜面是谜语的主要部分，以隐语的语言描绘谜底的形象、性质、功能等特征，是猜谜的线索。谜面是谜语提出问题的部分，也是谜语艺术的表现部分，通常由简洁明了、形象生动的诗词、警句、短语、字、词等组成，可以说出来，也可以写出来让人猜。民间谜语多是说出来的，语言通俗易懂，灯谜之类的差不多都得写出来，语言比较书面，甚至可以出拆字之类的需要靠视觉分析的谜语。

谜目，属于提示性词语或语言，是给谜底限定的范围，是联系谜面和谜底的"桥梁"，给猜谜指明方向。例如，"猜字一""打一字"，就限定了谜底只能是一个字。

谜底，是针对谜面所提出的问题的答案，有时候是事物的名称或者动作，有时是个文字。有些谜语的谜底和谜面互换以后，还能成谜。谜底要符合谜面的内在含义，还必须符合谜目所限定的范围，使人一见谜底就有"恍然大悟"之感。

谜格，产生于明代，或者把谜底的字的位置移动一下，或者把谜底的的字读成谐音，或者对谜底的文字的偏旁部首进行加工整理，然后去扣合谜面。

谜语可大体分为4种不同类型的风格，分别是：

①主流型。多于某个时期、某种场合，为了某种特定的需要而创作的，特点是主题突出、内容严肃、针对性强、效果显著。

比如：

谜面：中国在腾飞

谜底：升华

②民间型。多以百姓熟知的事物为谜材，谜面朗朗上口，易记易传。

③典雅型。又称"书家意"，书卷气浓，注重文采，多以典故入谜，或以诗词名句做面，贴切自然，浑然天成。比如：

谜面：霜禽欲下先偷眼（猜《西厢记》）

谜底：恐怕张罗

④通俗型。使用通俗的语言，多源于生活，深入浅出，平易近人，容易猜。比如：

谜面：天庭饱满，地阁方圆

谜底：首长好

猜谜语的方法有很多，常见的有20多种：有会意体，用会意法、反射法、借扣法、侧扣法、分扣法、溯源法猜谜；有增损体，用加法、减法、加减法猜谜；有离合体，用离底法、离面法猜谜；有象形体，用象形法、象画法猜谜；有谐音体，用直谐法、间谐法猜谜；有综合体，用比较法、拟人法、拟物法、问答

第四章 有趣的古代文字

法、运典法猜谜。

谜语的种类有很多,有猜人名、地名、水果植物名、动物名、词语、日用品名的,等等。比如:

(1) 猜人名。

谜面:赤手成家

谜底:白起

谜面:转怒为喜

谜底:颜回

谜面:禁止放牛

谜底:杜牧

谜面:挖壁偷光

谜底:孔明

谜面:酬神保佑

谜底:谢安

谜面:吾王万岁

谜底:王昌龄

谜面:高丽飞鸿

谜底:韩信

谜面:笼中鸟

谜底:关羽

谜面:皇帝奠基

谜底:王安石

谜面:降落伞

谜底:张飞

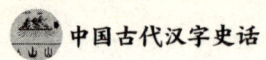 中国古代汉字史话

谜面：何去何从

谜底：胡适之

（2）猜地名。

谜面：一路平安

谜底：旅顺

谜面：风平浪静

谜底：宁波

谜面：不冷不热

谜底：温州

谜面：长命百岁

谜底：延寿

谜面：大江东去

谜底：上海

谜面：黄昏

谜底：洛阳

谜面：萤火虫

谜底：昆明

谜面：航空信

谜底：高邮

谜面：群英会

谜底：集贤

谜面：重男轻女

谜底：贵阳

谜面：水陆不通

第四章 有趣的古代文字

谜面：冰雪消融

谜底：山海关

谜面：大家都笑你

谜底：开封

（3）字谜。

谜底：齐齐哈尔

谜面：失之交臂

谜底：文

谜面：湿柴

谜底：沐

谜面：十滴水

谜底：汁

谜面：十二点动身

谜底：迁

谜面：一加一

谜底：王

谜面：十分高大

谜底：夺

谜面：十个哥哥

谜底：克

谜面：十五日

谜底：胖

谜面：石头成堆

谜底：磊

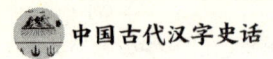

谜面：十月十日成一家　　　　　　　　　谜底：朝

谜面：时到日落人方归　　　　　　　　　谜底：付

谜面：一口咬掉牛尾巴　　　　　　　　　谜底：告

第四节　汉字的改造故事

汉字不仅在中华儿女千万年的发展历程中形成，还会由一些有影响力的文人或政治家造出来。这些人为造出来的字有些现在还在用，有的因为不符合历史发展被废弃不用了。不管有没有流传下来，围绕造字发生的故事有很多，很多都是非常有趣的。下面，让我们一起来了解一下这些有趣的故事。

1. 武则天造字

武则天是我国历史上的第一位女皇帝，她是历史上很喜欢造字的一个皇帝，在登基改唐为周之后更是如此。为试察群臣对自己的忠诚度，武则天特意在凤台侍郎宗楚客的帮助下造了一些新字来加强她的统治。

■ 第四章 有趣的古代文字

武则天

据说，武则天一生造了 20 个字，其中 19 个都已被废除了，现在的字典上还能查到的 1 个字就是"曌"字。有人把武则天造字编写成了一段话，即：天地日月星，载初授政圣，国臣正年月，万君曌人生。但根据河南省新安县通过《千唐志斋》考证，武则天只造了 18 个字，分别是：天、地、日、月、星、载、初、授、圣、国、國、臣、正、年、君、曌、人、证。之所以后人传为 20 个字，很可能是因为"月"字和"日"字武则天各造了两种写法，所以 18 个字变成了 20 个字。

武则天所造"国"字的两种写法：一个是"口"里带"武"，这个有一字双关的意思，暗示唐朝这个国家是姓武的，同时说明这是一个尚武的国家；另一个是"口"里有"八方"，暗示疆域之大。

武则天所造"星"字用的是圆圈，表示星星。除了"星"这个字外，武则天所造文字书写起来都非常麻烦。比如武则天造的"曌"是因为武则天的名字武照。在称帝之前，武则天就把自己的名字改为武曌，有"日月当空，普照大地"之意，完全符合武则天的心思，她才把自己名字中的"照"给换成了"曌"。《旧唐书·则天皇后纪》也进行了记载："载初元年春正月……神皇自以'曌'字为名，遂改诏书为制书。"在唐朝时期，"曌"字其他人是不允许使用的，久而久之，也就成了武则天的专属。

宗秦客造的"曌"字让武则天很满意，因而继续授意宗秦客造字。但除此之外的十几个字，既不实用，也难记难写，不符合文字由繁入简的演变过程，逐渐就被淘汰不用了。虽然在现在的字典里已经查不到其他的字了，但武则天造字的事是存在的。

武则天之所以热衷于造字，是因为她是第一位女皇帝，在位期间都是要和男皇帝看齐的。为了彰显自己的功绩，造字就是一个不错的选择。

纵观武则天充满传奇色彩的一生，即使已经过去了千余年，她的事迹依然为人津津乐道。但武则天也是一个饱受争议的人物，或许她早已深知这一点，因而在她的陵墓前竖了无字碑，功过任由后人去评价。可能无字胜有字吧，让武则天不失一代传奇女皇之风范。

2. 秦始皇造字

秦王统一全国后，本想仍以"秦"字为国号，但那时的"秦"字是写成"琹"字的。秦始皇认为这个字不吉祥——天无二日，国怎么能有"二王"呢？因此，秦始皇就想造一个同音字来代替，便问百官："史书上可曾记载，从古到今，谁的功绩最大？"有人回答："开天辟地以来，古人的是非功过都记在《春秋》一书里了。"秦王听后非常高兴，说："寡人乃千古一帝，就'春''秋'两字各取一半，合成'秦'字来做国号，象征秦朝永固。"众人都赞叹他的功绩前所未有，五帝所不及。

秦始皇所造的这个"秦"字，有一条谜语：半部《春秋》（打一朝代名称）。谜底就是秦朝。

后人曾对"秦"字提出非议，认为："秦取春秋各半，'春'无日、'秋'无火，实不吉。"现在我们也知道了，到秦二世，大秦王朝就断送了国运，更谈不上江山永固了。这说明一个国家乃至一个人的命运，不是一两个字就可以改变和控制的。

秦始皇

秦始皇统一六国之后，自创"始皇帝"这个称呼，并推出"书同文"，对文字进行最大限度的规范，对汉字的统一做出了巨大的贡献。在造字、改字方面，秦始皇除了造了"秦"字，还在改造山河的同时亲自改过一个"皋"字。

"皋"字：上面是象形字"自"，本义是"鼻子"；下面是象形字"辛",本义是"刀"。"辠"字的本义是用刀割鼻子,引申为"惩罚""行刑""罪恶"等义。因此,"辠"是"罪"的本字,但这个"罪"的本义与今天的意思"罪恶"是没有关系的。"罪"上面为"四",本义表数字,因为其与"网"字相似,被借用为"网"义,所以《说文解字》对"罪"字的解释是:"罪,捕鱼竹网。"

但秦始皇发现"始皇"的"皇"字上面的"白"字与"辠"字上面的"自"字相似,认为这个字对皇族来说不吉祥,因而秦始皇改"辠"为"罪"。这种用法一直沿用到现在,现在"辠"作为"罪"的繁体字偶尔在字典、词典上露露面。

3. 隋文帝改"隨"为"隋"

隋文帝杨坚,原为随国公,他嫌"随(繁体'隨')"字的"辶"含有逃跑、不稳定的意思,于是就将"辶"去掉,改"隨"为"隋",以"隋"字作为国号。

隋文帝

从现有的一些文献来看,在隋文帝时期,"隋"和"随"是混用的,而且这种混用情况不是从隋代才开始的。著名的典故

"随侯之珠",有时即写作"隋侯"。在梁萧敷墓志中用的也是"隋"。因此,隋文帝改"随"为"隋",这里的"隋"严格意义上应该不算新造字,而是将原来的"随"改为另一个同样存在的同音字"隋"来替代。

"梁萧敷墓志"中的"隋"

后来,还有将"隋"省写为"陏"的情况。浙江台州天台县城关镇还有始建于公元598年(隋开皇十八年)的国清寺,在它的一面黄色墙壁上还刻有"陏代古刹"四个字。

浙江天台国清寺与山东济南灵岩寺、江苏南京栖霞寺、湖北当阳玉泉寺并称中国寺院四绝。国清寺,最开始名叫天台寺,后取"寺若成,国即清"之意改为"国清寺"。隋代高僧智越在国清寺创立天台宗,影响波及国内外,这里就变成了天台宗的发源地。鉴真东渡时,也曾朝拜过国清寺。

国清寺"隋代古刹"墙

有学者认为,国清寺之所以写为"隋代古刹",是为了避"隋"之国讳。也有学者认为"椭"是"隋"的通假字,为"隔代古刹"。

4. 朱元璋改字惩腐

明朝的开国皇帝朱元璋是平民出身,早年生活艰辛,因而平生非常讨厌贪官,当了皇帝之后杀起贪官来根本不手软。

公元1385年3月,户部侍郎郭桓贪污事件东窗事发。郭桓勾结六部大小官员及各省官僚地主,贪污税粮及鱼盐等,折米2400余万石——相当于与全国秋粮实征的总数持平。除此之外,郭桓还侵吞了大量的金银宝钞,通过空白账册上骗皇帝、下欺黎民。

第四章 有趣的古代文字

朱元璋像

朱元璋知道之后，龙颜大怒，处死了郭桓，又严惩了上万名相关的案犯，并对国家财政管理加强技术防范，采取一些有效的防范措施，将记载钱粮数字的"一二三四五六七八九十百千"改为"壹贰叁肆伍陆柒捌玖拾佰仟"。此外，还借用"陌（百）"和"阡（千）"，只不过这两个字没有流行开来，实践之后逐渐演变为"佰"和"仟"，而"阡陌"仍旧只作为"道路"解。

朱元璋不仅改字、借字，还改词，"原来"一词在朱元璋以前写作"元来"，朱元璋觉得"元来"一词的"元"与"元代"的"元"一致，看了之后心里不痛快，总感觉有元朝卷土重来之意——当时元朝的残余势力还在北方活动。因此，就听了一位大臣的建议，把"元来"改作"原来"，这样就与元朝无关了。朱元璋听后非常高兴，马上下旨颁行。

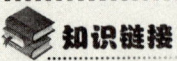

> **阡 陌**
>
> "阡（千）陌（百）"："千"是空间概念，指南北方向，甲骨文的"千"表示"人起步走"，往南的方向是活，往北的方向是死；"百"是一个时间概念，指从这个日出到下一个日出之间的时间段平均被划分出一百等份来。因此，"千百"组合在一起就具有时空宇宙的概念。"阡陌"，原指田野上南北走向和东西走向相互交错的小道。

5. 刘半农与"她"

今天我们能够方便地区分"他"和"她"，用"她"来表示女性，刘半农先生有一半的功劳。1917年，刘半农在翻译英国戏剧《琴魂》时，试图使用"她"字。1920年9月，刘半农写了一首《教我如何不想她》的著名情诗，"她"第一次闪亮登上我国诗坛。

有人说，"她"字是刘半农先生创造出来的，其实在严格意义上，这种观点是不对的。经专家学者考证之后才知道，原来早在秦汉时期，就已经开始使用"她"了。只不过，在五四运动以前，"他"可以代指一切第三人称事物。五四运动前后，鲁迅先生等曾用"伊"字代表女性。刘半农在北京大学任教期间，提出用"她"指代第三人称女性，让"她"从"他"中脱离出来。刘半农的《她字问题》说："一，中国文字中，要不要有一个第三位阴性代词？二，如其要的，我们能不能就用'她'字？"可以说，刘半农先生让"她"字重新得到认可并正式使用，但不能说是他创造了"她"。

逢春阶撰写的《刘半农：教我如何不想她》中，记载了刘半农故居江苏省江阴市博物馆原馆长唐汉章的讲话：

"在1920年出国之前，他就有想法，因为什么呢？要写白话文，用现代手法，少了一个女性的'她'，这怎么行呢？用什么字呢？他就在古典文献里找到了这个'她'字，在古代不念忻（笔者注：'她'最早读牌，音义同姐；还读 chī，女子人名用字），是已经废弃了不用的一个古字，他一看这个字好，跟'他'相似，加一个'女'字，特征明显……很多人起来批判刘半农，遗老遗少们说，我们老祖宗从来也没这个字，不照样写文章吗？你造个'她'字，不是多此一举吗？几个月以后，刘半农在伦敦读到了登在《时事新报》上的两篇文章，这促使他对此事进一步研究，并写出《'她'字问题》据理力争，直截了当地回答读者：我为什么要发明这个'她'字？被人一骂，反而坚定了他的信心，非要发明这个'她'字不可。……'她'字一目了然，不需铺垫。这是刘半农的功劳。"

现在，"他"在现在的书面语里，一般只用来称男性，但是在性别不明或没有区分的必要时，"他"就是不分男女的泛指。比如，单从背影，我们还无法判断他是男是女。"她们"是对自己和对方以外的若干女性的称呼，若这若干人有男有女的时候，一般使用"他们"，而不用"她们"。

关于"他"和"她"用法的分化，在当时，哪怕是在现在也有争议。有人持反对意见，认为这样有强行将男女分化的嫌疑；有人持赞同意见，认为在不必说明的情况下，通过书面文字的书写，直接获取是男性的他还是女性的她这个信息，是文字精准表达的一个体现，是符合文字的发展方向和发展规律的。当然，也有的人认为无所谓，过去没有分离"他"和"她"表达也没有存在多少障碍，现在将其分离也没有多少便利，汉字世界本来就是伴随语言文化产生的，在一定的语言文化背景中使用不存在障碍就行。

关于以上种种讨论，不得不提的是，汉字在社会发展历程中是动态的、变化的，我们在判断针对文字的改造是否合理之前，一定要明白汉字演变的发展规律，研究改造汉字的标准和底线。只有这样，一切判断才能有逻辑依据，才不至于沦为主观臆断。

6. "怪字"之谜

方块汉字，因为发展历史悠久，在发展过程中逐渐积累和变化，同时经历过多次政治主导为核心的文字变化、统一和简化，还有不少个人或群体兴起自造的字。一般自造字的数量不是很多，文人墨客或统治阶层因为某种喜好或其他原因对文字进行的改造也可以根据汉字规律融入正常使用轨道。但这并不是汉字的全部，目前尚有一些文字是用常规汉字知识无法解读的，它们和汉字一样，都是方块字，光从外形和笔画结构来看，和日常使用的汉字没有区别，但就是无法进行识读。

位于重庆市西北部的大足石刻，是唐末宋初时期以佛教题材为主的摩崖石刻，是中国著名的古代石刻艺术。大足石刻5万尊造像之间，还有 10 万多块碑刻，这些碑刻记载了大足石刻营建的时间、人物、事由等，是极为珍贵的史料。但在这些铭文中，有许多不常见、不认识的方块字，古人使用这种文字的原因至今仍然是个谜，它们看上去像汉字，但对于其读音或含义都只能猜测。

有专家进行统计之后，发现这些怪字多达 118 字，是历代只造几个、至多一二十个不能比的。根据专家分析，这些字有些是古代汉字的异体字，有些是古人特意嫁接组合的。

大足石刻上的怪字铭文

专家在考证、释读这些文字的时候，很多都只能"望字生义"——根据字形结构去揣摩文字的含义，或者将前后文连起来猜测它的含义。大佛湾有一块碑刻《三圣御制佛牙赞》，上面的"三圣"指宋朝的太宗、真宗、仁宗，但"圣"字在碑刻的铭文中被写作三个"王"。

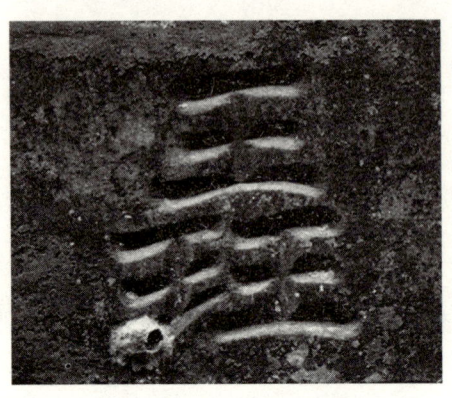
大足石刻上的怪字铭文

在这些字出现之前,武则天就有造字的习惯,这里的造字风格跟武则天的造字风格很相似。由此猜测,会不会是后人模仿武则天造字手段,造出大量的文字之后应用到了此书,或者只是因为造字方的影响力有限,没办法借助武则天那样的政治力量对新造文字进行推行,所以这些造字就只出现在了这个地方,并没有在文史上留下其他的使用痕迹。

真实的造字原因,现已不可考,或许有一天有新的文献资料被发现或解读出来,真相一下子摊开的瞬间,我们会恍然大悟,不必再像现在这样胡乱猜测了。

除了重庆大足刻石上的怪字铭文,云南腾冲的怪字联也值得一探。云南腾冲叠水河景区的仙乐观内有一副怪字联,这副对联因为文字无法正常释读,容易引发人的探究的欲望,使无数游客驻足观看揣摩。

仙乐观始建于1882年(清光绪八年),建筑形式和一般寺观相差不大,但观内殿堂上的对联却让不少饱学之士都抓耳挠腮。据说,这副对联是当年修建道观时,云游到腾冲的一位四川青城

■ 第四章 有趣的古代文字

山的道长写下的,这副对联所用的字是根据道教文化理念造出来的,其中暗含着道教哲学的妙理玄机。从这个角度看,与其说这是一副怪字联,不如说它是一副字谜联。

上联:第一个字为三个"云",第二个字为两个"云",第三个字上"天"下"炁",第四个字上"不"下"上下",第个五字上"彩"下"務(务)",第六个字上"絢(绚)"下"金",第七个字左"石"中"真"右"洞"。

下联:第一个字三个"山",第二个字两个"山",第三个字上"高"下"地",第四个字上"方"下"中",第五个字上"亻道"下"寸",第六个字上"形"下"全",第七个字左"亻"右"上'户'下'内'"。

腾冲怪字联

关于这副对联的解读有很多，但根据字形特征，结合道家哲学思想，应该能推测出一二分其本意。但不论如何，这些造字都是在常规汉字体系之外，但又不能彻底被排除在外的，毕竟它还是在汉字的基础上，以汉字的结合编造出来的文字。

这样的编造究竟应该如何评判呢？估计不同的学者，从不同的角度，又有不同的看法了。其实，就笔者的角度看，它们不作为通行字体，不考虑其传播功能的话，单作为娱情娱乐的文字艺术或文字游戏，并不妨事。但要书写内容、记载信息，还是不推荐使用不常规、不正统的文字，更何况是没有出现在汉文字系统中的文字。

第五章

古老汉字的力量

汉字的发展历史悠久，在发展过程中，不断吸收融合中原汉文化，发展出了一套包罗万象、使用便捷的文字系统。这些汉字有巨大的文化传播能力，因为它们在上千年的使用和发展过程中，将中原的思想、哲学、科学技术等方面的内容都吸收了进去。不管是哪一个国家，还是哪一种民族，在使用汉字的时候都会受其影响，或者吸收汉字的构字方式，或者吸收汉字中包含的文化，或者学习汉字记载的知识。这种影响通常是不可逆的，一旦发生文化融合，只能向前发展，中途截断不用都会对其社会文化产生重大影响。

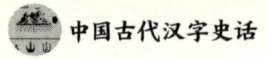 中国古代汉字史话

第一节 汉字——语言世界的奇花

汉字是典型的象形文字,我们可以分析它们的外形,判断其含义,因为汉字可以说是由心而造的。当我们的心灵意识与古人相通时,就能体会到他们创造这些文字时所寄寓的内心的期望和感受。当我们用心去研究它们的时候,就能获得更多的感受,使心灵意识也得到升华。可以说,汉字本身就是一本本书写万物的书,我们可以通过各种方法去翻开它,感受它的魅力。

1. 理解汉字

有很多汉字是形声字,运用"六书"的理念观察、联想就可以增强辨别汉字和应用汉字的能力。从我们熟悉读音和意义的汉字入手,选出一部分结构相似的文字,就能大致判断这些字的声符和意符。比如,赌、堵、睹、陼、猪、褚、楮、诸、猪、煮(煑)、箸、著、锗、赭这14个字,即使你不能将它们的音调全部读出来,但从读音和意义比较区别之后,就能判断它们都是以"者"为声符的形声字,从偏旁还能猜出它们大致的含义。

■ 第五章 古老汉字的力量

"赌"从"贝（古代货币）"，与钱财有关；

"堵"从"土"，与土有关；

"睹"从"目"，与眼睛有关；

"阇"从左耳（左耳是"阜"的变体，义为土丘），必与土丘有关；

"璲"从"玉"，必与玉石有关；

"褚"从"衣"，与衣服有关；

"楮"从"木"，与树木有关；

"诸"从"言"，本义与说话有关；

"猪"从反犬，是凶猛动物中的一种；

"煮（鬻）"从"火"，与火有关；

"箸"从"竹"，与竹有关；

"著"从"草"，与草有关；

"锗"从"金"，与金属有关；

"赭"从"赤"，与红色有关。

古代汉语里，一个汉字往往就是一个词，最初只表示一个意义，这个意义叫本义。随着社会发展，汉字的概念不断丰富，由原始概念不断地派生出新的含义，原来的单义词就发展成多义词了。比如，"间"（最早写作"閒"），会意字，从"门"从"日"或从"门"从"月"，闭门而见日月，表示门有缝隙，本义为"门缝"，之后派生出各种缝隙或与缝隙有关的其他意义。例如：

彼（牛）节者有**间**（物之缝隙）；

扁鹊见蔡桓公，立有**间**（时间之缝隙）；

诸侯有**间**（感情之缝隙）；

千载谁堪伯仲**间**（引申为"之间""中间"）；

肉食者谋之，又何**间**焉（作动词用，表示加身其间，解为"参与"）；

中**间**力拉崩倒之声（解为"夹杂"）；

汉王患之，乃用陈平计**间**项王（使项王君臣之间产生缝隙，解为"离间"）；

予在患难中，**间**以诗记所遭（引申为有时间上的间隙，解为"间或"）。

可见，学习古汉语词汇要注意从字形去了解文字的本义，然后展开联想去探求其派生意义。

在记忆汉字的时候，可以编成歌诀或整理别人的记字歌诀进行记忆。比如，要记住"戌""戍""戊""戎"四个字，就采用口诀：横"戌"、点"戍"、"戊"中空，十字交叉便是"戎"。类似的还有：

"颐""姬""熙"：颐和园里，演《蔡文姬》，熙熙攘攘人真挤；

"嬴""赢""羸"：亡口月贝凡，"嬴"字在眼前，换女便是姓（嬴），换羊弱不堪（羸）；

"巳""己""已"：己平巳半已封口；

"玄"（做声符）：搭弓就是"弦"，有舟是船边（舷），有目头发昏（眩），有火真耀眼（炫）；

"也"（做声符）：有马能行千里（驰），有土能种庄稼（地），有人不是你我（他），有水能养鱼虾（池）；

"喿"（做声符）：有手就作"操"，有火便干"燥"，有足脾气"躁"，有水是洗"澡"，要是换成口，一定"噪"子好；

"𢦏"（做声符）：逢"衣"就"裁"衣，逢"车"就"载"粮，有"木"是"栽"树，见"異""戴"头上。

2. 含义特殊的字词

每一个汉字在构型上已经暗含了自己想要表达的意思了，当我们从外形去解读这些文字的时候，会发现它们都非常幽默、有趣，富有哲理意味。

觉——觉醒；睡着。一个字表示两个相反的意思。

您——心上有你。

停——"人"在"亭"子中休息。暂时的停留是为了更好地前行。

劣——差人一等的原因是比别人"少"出了"力"。

路——人生之路在"各"自的"足"下。

舒——"舍"得给"予"，才能舒心快乐。

福——心神舒适（礻），有一口田，就是福。

道——一条道路，思维（首）在前才能"走"通。

患——心多得连成串，不是什么好事。

夸——自"大"之人，最终要吃大"亏"。

途——给别人留有"余"地，自己才有路走。

海——大海，来自每一滴水。

怕——恐惧的时候，内心一片空白。

忙——人一忙，心思（忄）就没有了。

赢——只有具备危机意识（亡）、沟通能力（口）、时间观念（月）、取财之道（贝壳是一种古老的货币）、平常心（凡），才能成为赢家。

愧——愧疚往往是因为"心"中有"鬼"。

认——知道一个"人"，往往从他的"言"谈开始。

值——"人"只有站"直"了，才会有价值。

朋——同类"月""月"相伴，才能称作朋友。

赶——不停地"干"，不停地前行（走），才会超过别人。

债——欠别人的就要偿还，这是做"人"的"责"任。

加——做什么事，不能光用"口"讲，还要致"力"于行动。

企——"人"的欲求不可无限膨胀，要适可而"止"。

真——正"直"，是它的立足"点"。

骗——一旦被人看穿，"马"上就会被人看"扁"。

迟——落伍者常常只比别人晚"走"了一"尺"。

令——"今"天努力一"点"，明天才有资格指挥别人。

隘——只用"耳"朵听的话，必然限于狭隘。

3. 汉字偏旁有深意

我们在解读汉字的时候，需要熟悉汉字的表意符号。汉字的大部分偏旁是从人自身及自身生活相关的事物概括而来的符号。因此，很多表意符号都通过对人、人体器官以及人的动作、言语、心理活动、居住条件和生产生活起居的模拟实现表意功能。除此之外，还有一部分通过对古代与人的生活密切相关的动植物和天文、地理等方面的事物作为表意符号。但汉字在方块化的过程中，有些偏旁的形体发生了变化，特别是偏旁形体的变化已经脱离了最初的形态，不易辨认。如果能理解那些偏旁的含义并能展开联想，解读汉字就比较容易了。

下面，让我们一起来解读一下汉字偏旁的深意。

（1）与手有关的形符。

扌：俗称提手，是"手"做偏旁后的形状，可以表示与手有关的活动，如打、搭、拉、揍、抽、摇、抱、抛、掠、抢。

廾：双手对举的形态，多与手或手的动作有关，例如，舁（"臼"为手手合作之形，上下两人为"抬"，后引申为"举"）、弃（上为小孩倒置之形，本义为扔去小孩，后泛指一切事物的抛弃）、共（上下皆"廾"，言同心协力做事，会意方法与"舁"相类）、具（双手上面的"目"是"鼎"楷书的变形，双手持鼎，为准备饭食的意思）、异（从"廾"、已声，双手举也）、与（"與"的简化字，只取了繁体的中间部分做简化字，本义为赐予一勺东西）、奏（上下都是春天初生的草的形状，两边各有一手，表示上进之意，后引申为进献、弹奏。字形伪变如"奉"）、兴

（繁体为"興"，四只手中，上有一如口之器，下口当是人口，合起来表示一起喊着口令抬物。本义为抬，引申出兴起、建立、使之喜悦等意义）。注意："廾"不是"艹（艸）"。

支、攵：两字相同，读 pū，像手持棍击打，从"支""攵"之字，其义多与手的敲击或其他动作有关，如攻、教、敛、致、牧、赦、救、敏、敢、敷、敦、敵（修筑高台）、败（击打贝或鼎，毁坏）、数（左声右形，手持筹码计算）、政（手持权杖，象征政权）、放（赶跑、流放）、改（通过敲打使其纠正）、收（捕获）、敌（互相打击、拼斗）、敝（衣服被敲碎，露出窟窿或布屑）、故（因打击产生变故，引申为过去的）。

殳："几"像物之形，"又"为手，读 shū，与"支""攵"意义相近，从"殳"之字，其义多与敲打有关，如殴、毁、殷（本义为击鼓声）、役（本义为服兵役）、毅（本义为能果断出手、残忍，后用作坚强、果敢）、段（手持器械敲打石头）、杀（简化字为断木之首，繁体作"殺"，可见手形）。

又：向右伸出手，与"手"的意义有差异——"又"特指右手之象形字，只画有三个指头，而"手"是手的正面之形，是五指之形。从"又"之字也多与手有关（个别简化字不在此列，如欢、鸡、邓）。例如，及（上部的"⺈"是人的变体，下部是"手"，表示赶上去抓住前面的人）、反（"厂"是山崖的象形字，"厂"又会意为用手攀援，即"扳"的本字）、取、受、圣（繁体为"聖"，本义从"手"从"土"，后用作"聖"的俗字，今用作简化字）、双（繁体为"雙"，本义为一手抓住二鸟，简化为二手为双）、友（二手相助，帮助、协作、友好之义）、支（像手持竹枝、树枝之形）。有的"又"楷化后，就不易辨认了，如事、争、兼、书（書）、画（畫）。

ナ：左手之形，也与手的活动有关，如友、右（"口""手"相助，"佑"的本字）、左（"ナ""工"会意，"工"是矩尺，"佐"本字）、卑（从"ナ"从"甲"，左手持盾牌者，言地位低下之人，引申为卑贱）、史（从"手"、持中，会意字。古代史官记事，公正而书，不加入个人见解，为之持中，也就是秉持中正）。

爪、爫：都是像手心向下之形，多与手的动作有关，如采、受、觅。

寸："又（ナ）"下加一点，指事字，从"寸"，多与手的动作有关。例如，寺（上为"之"的变体，表声，下表义；"持"之本字）、寻、将（持也）、射、尊（双手捧酒坛敬人或神之状，本义为酒器，后"樽"代其义，"尊"才专指尊敬）。

（2）与人的头部有关的形符。

页：繁体为"頁"，人头部的形状，从"页"，多与头、颈、脸有关。例如，顷（头不正也）、项、须、顺（低头也）、顿、顾、领、颇（头偏也）、颔、额、颜、颠（头顶也）。

欠：像人张口打哈欠。从欠的字多与嘴的动作有关，如饮、吹、歌、欢、欣、欲、欺、歇（泄气）、歃（喝，如"歃血为盟"）。

目：眼睛竖看之形，与眼睛有关。例如，盯、看、盲、瞎、盼、眨、晤、眩、眠、眦、睁、眸、睐、督（监督）、瞥、瞠、相（木工用料时目测木选材，后泛指省视、观察）、眇（一只眼睛)、省(本义为仔细看)、眚(眼中生翳子)、盾(用来捍卫眼睛和身体的兵器)。

见:观、觅、觇、览、觉、觊觎、觑、觋。

口:多与人之口和各种物的口有关,如吹、召、呼、吐、吸、吃、吞、呓、呕、呼、呐、鸣、味、噪、呻吟、叱咤、咆哮、咀嚼、咏、叹、吊(慰问)、吠(狗叫)。

耳:人耳之形,多与耳有关,如聆(听)、取(本义为割取敌方的耳朵以报功)、聩(聋)、聪(听力好)、聋(本义为聋)、耽(耳大下垂)、耻(听见指责而知羞)、耶(语气词)、职、聒(声音刺耳)、聖("圣"的繁体字)。

自:鼻子的象形字,多与鼻子有关,如息、臭、鼻(以畀为声符的形声字)、臬(箭靶,搭箭的右手紧挨鼻尖,闭住呼吸以便于瞄准)。

齿:繁体作"齒",上声下形,多与牙齿有关,如龀(幼儿换牙)、啮、龋、龃龉(上下牙不相配合,意见不一)。

(3)与人的思想有关的形符。

心、忄、⺗:均为"心",若不从心,何以见敬?例如,"恭"。

(4)与人的整个身体有关的形符。

月:表示肉,表示月。构成的会意字或形声字,与肉有关的占绝大多数,如脸、肋、胖、肓、肶、肛、肝、肠、股、肤、肩、肪、肯、育、肺、胃、胆、胚、臀、腥;少数与月义有关,如明、朗、朔、期。

(5)表示人形体和形体动作的形符。

人、亻、儿、子、尸、大（交）、立、比、从、北（背）、身、卩（㔾）：像人屈膝而跪，多与屈膝或人有关，如叩（"口"声"卩"形，像人下跪，叩头之义）、印（左边像人立地，右边像人跪其旁，仰视盼望之义，"仰"之本字）、危（上声下形，"跪"之本字）、即（左边像食物器皿，右边像人坐着就餐，引申为靠近、立刻等意义）、却、卷、卸。

（6）与病卧、住宿、生产生活器具有关的义符。

疒：甲骨文中像"人"与"爿（床的古字）"会意，指人又疾病而卧床，多与病有关。

广：像依山崖而建的窝棚，多与房屋有关，如庇、序（堂屋东面的墙）、府、庖、底、虎、店、庙、庠、座。

厂：读hàn，山崖形，古人躲雨或居住之地，从"厂"，多与山崖、山或房屋有关，如原、历、厉、厕、厩、厨、厦。

宀：屋之形，从"宀"，多与房屋有关。

户：单扇之门形，从"户"，多与门户有关，如启、扁（挂在门上的东西，类似今之扁额）、扃、扇（门，若鸟之羽毛能开能合）、扉。

彡：会意字，含此之字，多与头发有关，如髭、髯、鬐、鬓、鬟。

斤：像斧子形，多与斧子一类的工具或砍、杀、削等义有关，如斫、斩、断、所（从"户"从"斤"，伐木造屋也）、斯（"其"声、"斤"形，辟也。如墓门右棘，斧以斯之。后借作代词和副词）、新（表示斧子劈木出现的新口）。

耒：像农事工具形，从"耒"，与农事有关，如耔、耕、

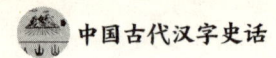

耙、耘。

灬："火"的变体，放在字的底部，与火、光、热烈等有关，如点、煎、然、烹、烈、焘、煮、熏、热、蒸、照、煦、熙（曝晒）。"燕""馬""魚""無"下面的四点是象形的描画，非火之变体。"杰"是简化的结果，与火无关。

歹：像骨之残状，多与死亡及丧葬有关，如死、妖、孚、殁、殂、殄、殃、殇、残、殉、殡、殆（危险）、殚（尽）。

爿：床的古字，俗称反片，只作声旁，现在多简化为"丬"，凡从"爿（丬）"的字读音都带ang韵，如妆、状、奘、装、臧、将、戕。

片：像木之右边形，指剖开的木片，凡从片之字，都与木片、木板有关，如牖、版、牌、牍、牒。

玉：作偏旁时在左，省去一点，叫斜玉，大多与玉石、玉石加工、玉石玩耍、玉石的特点等有关，如瑜（美玉）、瑾、玫、玦、环、珮、璞、琅、琮、斑（有纹之玉）、瑞（作凭证的玉）、瑶、珏、珠、玫、现、玲、玺、珀、珂、珍、班（剖玉）、珰、理（加工玉石）、琢、琐（玉器相碰之细声）、琤、琼、瑕（玉石之斑点）、瑷、瑛、璀（玉有光泽）、璨、（"玛瑙""琉璃""玻璃"后起字，这些词也与玉石的特点有关）。

罒："网"的变体，放在字之上部，音、义都与网有关，如罗、罪（触犯法网也）、罾、署（指网有总纲统领，部署之义）、罘、罢（"罷"之简体，开网放遣有罪的人）、罥（挂也）、罩、置（开网释放）、羁。

酉：酒坛形，凡从"酉"之字，多与酒文化有关，如酒、酿（造酒）、配（祭酒时配酒）、酌（斟酒）、酬（以酒答谢）、醇（洒酒祭奠）、酤（买酒）、酵、酶、酷（酒味浓）、酸、酐、酗、酣、酪、酊、醉、醋、酱。

贝：古之货币，多与财物、装饰或商贸有关，如负（上为人，会意人有财物得活也）、财、贡、责（本指索取钱财）、贤（本指多财）、败（击贝，毁坏财物）、账、货、贩、贪、贫、贬、购、贮、贯（穿小钱也）、贸、贷、贺、费、贼、贿、赀、赁、赂、赃、赈、赊、赉、赋、赌、赞、赎、赏、赠、赝、赢、赡。

缶：像有盖之瓦器，多与器皿有关，如缺（器皿残损）、罄、缸。

犭：犬之变体，俗称反犬，与"豸"相通，多与兽有关，也用来比喻人之表情、脾气、性格类兽，如狗、狼、狂、狎、猾。

虍：本像虎张口之形，其义多与虎有关，如虎、虐（虎残害生灵）、虔（虎行走之状）、虞（传说中的兽）。虏、虚、虑是以"虍"作声符的形声字。

阝：在左是"阜"之变体，土丘也，多与山陵、土石或地名有关，如防、阱、阵、陆、隆。

阝：在右是"邑"之变体，城市也，多与城市、邦国等地名或区域、姓氏（汉族有部分姓氏由封地而得）有关，如邓、邝、邢、邬、那、邴、邰、邵、郑、郅、郝、郦、郭、郗、郜。

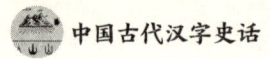
中国古代汉字史话

第二节　古老汉字的现实意义

在人们最初创造汉字的时候，汉字是来源于生活的。生活中发生的事情，比如出现的新事物、新的理论和哲学概念，都需要对应到具体的语言和文字当中。然后，人们根据汉字造字的基本原则，对这些新事物进行标定。但随着时间的流逝，原本意义的文字会发展出新的含义，反哺到日常生活中的语言和文字当中，无形中丰富了语言、文字的范畴，提高了语言、文字的表达能力。下面让我们围绕中国古代现实生活的几个方面，来感受它们对汉字的影响。

1. 汉字与祭祀

很多文明早期发展的时候都有灵魂崇拜现象，认为万物皆有灵，如果能求得强大的力量庇佑，就可以借助其力量达成目标或躲避灾难。中国从远古时期发展而来，围绕祭祀的灵力探索延续了很长的时间。

远古时期，人们认为神灵能够护佑人类，为人类降福免灾，也可能迁怒于人类，给人类带来灾难。这种朴素的认知，是人类感受到大自然的力量之后，进行的思考和转换，使远古人类对神灵既心怀感激，又满含畏惧。我们的原始先民就是怀着这样的心理感受对神灵采取顶礼膜拜的行为，向神灵致以敬意并献礼的。祭祀的目的，就在向神灵表达自己的愿望，祈求神灵的护佑。《说文解字·示部》中说："禛，以真受福也。"禛，就是以虔诚之心感动神灵，获得神灵的福佑。又说："祟，神祸也。"祟，就是指鬼神所降的祸患。《管子·权修》中说："上恃龟筮，好用巫医，则鬼神骤祟。"

关于祭祀的对象，中国古代已经发展出了相对成熟、固定的制度。《国语·鲁语上》就有相关的记载：

夫圣王之制祀也，法施于民则祀之，以死勤事则祀之，以劳定国则祀之，能御大灾则祀之，能捍大患则祀之。非是族也，不在祀典。昔烈山氏之有天下也，其子曰柱，能植百谷百蔬。夏之兴也，周弃继之，故祀以为稷。共工氏之伯九有也，其子曰后土，能平九土，故祀以为社。黄帝能成命百物，以明民共财。颛顼能修之，帝喾能序三辰以固民，尧能单均刑法以议民，舜勤民事而野死，鲧障供水而殛死，禹能以德修鲧之功，契为司徒而民辑，冥勤其官而水死，汤以宽治民而除其邪，稷勤百谷雨山死，文王以文昭，武王去民之秽。故有虞氏禘黄帝而祖颛顼，郊尧而宗舜；夏后氏禘黄帝而祖颛顼，郊鲧而宗禹；商人禘舜而祖契，郊冥而宗汤；周人禘喾而郊稷，祖文王而宗武王。幕，能帅颛顼者也，有虞氏报焉；杼，能帅禹者也，夏后氏报焉；上甲微，能帅契者也，商人报焉；高圉、太王，能帅稷者也，周人报焉。凡禘、郊、祖、宗、报，此五者，国之典祀也。加之以社稷山川之神，皆有功烈于民者也。及前哲令德之人，所以为民质也；及天之三辰，民所以瞻仰也；及地之五行，所以生殖也；及九州名山川泽，所以出财用也。非是，不在祀典。今海鸟至，已不知而祀之，以为国典，难以为仁且知矣。夫仁者讲功，而知者处物。无功而祀之，非仁也；不知而不问，非知也。今兹海其有灾乎？夫广川之鸟兽，恒知而避其灾也。

这段引文的意思是，依据先王制定的祭祀准则，祭祀的对象为五大类：第一，执行法度者；第二，努力王事的亡者；第三，安邦定国有功者；第四，有效预防重大灾害者；第五，抵御重大祸患者。同时，进一步阐释了把神农氏、周之始祖、共工氏之后代、黄帝、颛顼、帝喾、尧、舜、鲧、禹、契、冥、汤、后稷、文王、武王等古圣先贤作为祭祀对象的缘由，以及与之对应的禘、郊、祖、宗、报等国家祭祀大典。

与我国古代哲学理念相应，"天""地""人"是我国古代宇宙观最基本的要素，在古人心中有非常重要的地位。因此，对应"天""地""人"，古人祭祀的对象就包含天神、地祇、人鬼。天神，就是神，具有创造能力，是能够掌管或影响人事祸福的力量，在三者中力量最为强大；地祇，就是先人之灵；人鬼，就是鬼。《说文解字·示部》中解释说："神，天神，引出万物者也。"早期的"神"专指天神，能创造万物，对整个神界具有主宰权。

《论语·述而》中说："子不语怪、力、乱、神。"这是说，孔子不谈论怪异、勇力、叛乱和神灵之事。孔子之所以回避谈论这4种事物，是因为它们与儒家思想的核心"遵礼守仁"相悖。但笔者认为，凡人世间之事，以孔子灵慧都能追本溯源地解读，因此孔子也被称为圣人，但要对"神灵"之事，那个时代的科技、知识结构都还无法对其进行解读，知不能而不为，是孔子对知识探索的一种坦诚。不管是什么原因，孔子选择对"怪、力、乱、神"避而不谈，是合适的选择。

最初的神、鬼是不同的，《说文解字·鬼部》中说："鬼，人所归为鬼。"《正字通·鬼部》中说："鬼，人死魂魄为鬼。"古人认为，人是肉体和灵魂的结合物，二者可分可合。一个人的灵魂附着在肉体上才能存活于世，如果肉体消亡，灵魂就要离开肉体。离开肉体之后的灵魂，就不属于凡尘俗世了，而成为一种灵魂力的非物质形态，这种存在就被称为鬼。

在后来的发展过程中，"鬼""神"同样作为非物质形态的灵魂体，相互之间的区别逐渐缩小，还常常合成鬼神。但《正字通·示部》又对鬼神做了解说，表示它们虽然都是非物质形态的，但性质完全不同，说："神，阳魂为神，阴魄为鬼；气之伸者为神，气之屈者为鬼。"因此，古人虽然讲鬼、神合称，但鬼和神是有根本区别的：神属阳，为阳气所化，表生长和力量；鬼属阴，为阴气所化，表死亡和消亡。

但是，不管神、鬼所指是否相同，向来都是古人祭祀的主要对象。具体来说，"天神"包括：昊天、上帝、五帝（黄帝、炎帝、颛顼、少昊、舜帝）、日、月、五星（岁星、荧惑星、镇星、太白星、辰星）、二十八宿（青龙、朱雀、白虎、玄武）、司命、风师、雨师、十二辰。"地祇"包括：皇地祇、神州、社、稷、五岳（泰山、华山、衡山、恒山、嵩山）、四渎、四镇、四海、山林、名川、宗庙、祖先、门、户、灶、行、中雷。"人鬼"包括：文宣王、孔子、四配（孟子、颜回、曾参、子思）、十哲（颜渊、闵子骞、冉伯牛、仲弓、宰我、子贡、冉有、季路、子游、子夏）、七十二先贤、二十一先儒、武成王、姜太公、韩信、七十二将、城隍、关帝、文昌、妈祖。

按照这样的理念划分之后，就会知道这些祭祀对象分别归属于天界、地界和人间。

先民认为，天能产生出创造世界万物的神，能主宰世间万物的生死祸福，主宰人世间的朝代更迭。因此，几千年来，上至帝王将相，下至平民百姓，无不敬畏上天。这是人类最初、最虔诚的敬畏。因此，祭天的时候，是最隆重的，在统治森严的封建社会，就只有人世间最高的统治者——天子有这样的特权。天子通过祭天，来为君权添加神力，巩固自身的统治地位。

秦汉之际，祭天主要有封禅和郊祭两种形式，这是一种历代沿袭的制度。即便在少数民族统治中原的元代，统治者也会按照汉族的习惯举行祭天仪式。

随着封建社会的不断发展，明代的祭天礼仪更加繁复，永乐年间甚至专门修建了天坛用于祭天。到清统治者入主中原之后，除了沿袭本民族的祭礼外，同样按照汉族的祭天礼仪，每逢重大节日或活动，帝王都要亲自到天坛祭天。

《说文解字·土部》中说："地，元气初分，轻清阳为天，重浊阴为地。万物所陈也。"许慎认为，天、地是对立存在的，就像阴阳一样，形成于混沌时期。阴阳理论，是中国一切哲学、文化乃至医学的根源。关于阴阳理论，大致可以从《易经》的相关理论中做基础了解。

传说，最初的时候，天地混沌一片，不分阴阳，这个时候有一个本原力量，名为太极，相当于独一无二的存在。在太极之前，是无极，可以看作无或虚无。太极之后，以两种相对的力量一分为二，也就是分为了"阴"和"阳"这两种属性的存在。

那些轻而清的和属阳的元气上升成为天，那些重而浊的和属阴的元气下沉而形成了地。如此，天地新成，万物伊始。

中国古代先民就是这样解释与自己的生活息息相关的环境的。自己生长于天地间，处于天地的护卫之中，也受到天地的制衡。这才是古代祭祀出现的根本原因。

除了祭祀天神、地神之外，社神也是人类祭祀地界神灵的重要对象。"社"即土地神。《玉篇·示部》中说："社，土地神主也。"《白虎通·社稷》中说："社者，土地之神也。"

封建社会是以国家为单位进行统治的，国家疆域广大，地神众多，在祭祀的时候会选取其中的代表进行祭祀，以此表达他们对神灵的虔敬之情。

因此，古代的祭祀活动，跟先民对自然哲学的感受和思考是有一定的关系的。同时，随着佛教自魏晋以后逐渐融入我国传统文化，祭祖呈现出儒、佛兼容并蓄的时代特色，逐渐固化、凝聚成一种传统，代代相承，已经发展成一种文化特色，返回来滋养后人的精神灵魂了。

2. 汉字与贸易

贸易,也就是商品交换,是社会,尤其是中国古代这样的农耕社会发展的代表性产物。最初的贸易,可能只是简单的物与物的交换。部落之间,人们"因井为市",后来更是发展出了专供贸易的集市。

商代先人,应该是我国发展商贸活动的第一批受益者。商代先人,发展出了不从事生产、专门从事贸易活动的人以及进行商品交换的群体。根据文献记载和出土文物的情况可知,自此在夏朝,作为贸易媒介的货币——贝币已经开始流通了。贝币,是一种贝壳,在古代具有跟货币一样的信用功能,可以作为交易买卖的凭证。

商人的出现,使人们意识到通过商品交换过程中的价格差异赚取利润,是收敛财富的方法。自此,经济贸易打开了人类历史文化发展又一道大门,汉字不仅作为记账工具跟随它一起发展,还蕴藏着丰富的文化信息,成为记载、传承和弘扬中华文化的重要载体。沈锡伦在《中国传统文化和语言》中说:"汉字是中国传统文化的缩微信息库,一个汉字就是一幅文化信息缩微图。要全面理解中国传统文化的内涵,要破译中国传统文化的密码,离不开对汉字的探索研究。"

汉字像一面镜子,映现出中国文化的万千气象,包括古代的经济贸易发展。贸易,作为中国文化生态系统要素之一,不可避免地在汉字的产生和发展过程中留下痕迹。因此,与商业有关的很多汉字都带有"贝"字结构,如账、赚、赢、贸等。汉字就像一块块"活化石",记录了古代贸易的发展历史,反映了货币"贝"对人类生产生活和价值观念产生的改变和影响。透过这些汉字,我们可以沿着贸易的发展路线,回溯中国古代人类的发展历程。

汉字与贸易的发展历史都非常悠久,几乎不分伯仲,涉及的内容也非常庞杂。下面,让我们从汉文字的角度,对中国古代商贸活动进行简略梳理和解读。

贸易,也就是商品交换活动,是社会出现商品交换需求之后,自然形成的互通有无、调剂余缺、平衡供求的社会活动,它对加强地区交流有重要的作用。商人作为贸易活动的主体,对社会经济的繁荣和发展做出了巨大的贡献,他们或"船车贾贩,周于四方",或"坐列贩卖,操其奇赢",或"居间调停,说合买卖",他们通达四方,加速了社会文化的交流。

我国从古至今杰出的商人很多,其中被誉为"商圣"的范蠡是我们非常熟悉的了。范蠡经商有方,十九年中三致千金,每一次都把家财分给贫穷的乡亲朋友,他"三聚三散"家财的故事,至今令人津津乐道,传为美谈。他教导有方,子孙继承了他的事业和经商经验。

古代还有"行商坐贾"之说,我们今天多用"商"、少用"贾",并将两者的含义合为一说。但其实"商"和"贾"在最开始的时候是有区别的。在古代,从事长途贩运贸易活动的为"商",有固定营业场所的为"贾"。

东汉《白虎通·商贾》中就有记载:"行曰商,止曰贾。商之为言章也,章其远近,度其有无,通四方之物,故谓之商也。"

意思是："'商'就是'章'的意思。明了远近，揣度有无，沟通四方的物资，就叫作'商'。""商"主要是互通有无，赚取不同地区的差价。据说，舜"顿丘买贵，于是贩于顿丘；传虚卖贱，于是债于传虚"，也属于"商"的范畴。

"商"，本义为估量、计算。《广雅》中说："商，度也。"度，也就是忖度、谋划，意思是说商人是非常善于忖度、谋划，进行商品交易的。

《商君书·垦令》中说："商欲农，则草必垦矣。"意思是："如果商人也想去务农，荒地就一定能得到开垦。"商人不劳而得利，最能引动人的贪念，为避免众人都弃农从商，于是统治者常常鼓励农桑，并将商人的地位贬低，减少从商人员增加造成的农事荒废，以免动摇社会根基。因此，在中国古代，统治者就已经意识到，商品贸易的发展必须依托实业经济，否则社会发展必然是长久不了的。这就能够解释古代社会对商人又依赖又打压的诡异态度了，也体现了古人对政治统治的高度理解和制衡之术。

3. 汉字与战争文化

战争，是始终伴随人类发展的又一重要的人类社会活动。对于战争的起源，学术界目前没有统一的认知，但仍旧可以从我国的古代文献和古代神话中一窥其面貌。

上古时代，最令我们印象深刻的传说中的大战便是以北方部族首领黄帝为代表的北方势力，和以南方部族首领蚩尤为代表的南方势力之间的战争。最然这一阶段的战争，在经历无数次规模宏大的战役之后，以蚩尤的失败告终。在蚩尤和黄帝的大战中，出现了许多用于战争的武器,还有传说中的战车,具备各种神异能力的战士。他们一个个出场,通过一次次战斗,斗智斗勇。

古代战车

之后,有商周时期为争夺青铜器原材料——红铜矿引发的战争。之后就到了我们熟知的春秋战国时期。春秋战国时期,中国古代的战争文化已经发展到了相当成熟的阶段。在这一时期,各诸侯国相互征伐,阴谋诡计层出不穷。还出现了兵法集大成的兵书《孙子兵法》,从各类战争故事中总结出了著名的"三十六计"。这些兵法战略经验,到今天仍有作用。

战争对文化的影响是非常深刻的,可以说,除去战争的残酷之外,战争最大的功劳是加速和促进民族融合,促进文化向统一方法发展,壮大中华民族的文化辐射范围和力量。《说文解字》收集了我国大量的文字,并进行了释读,里面有大量关于兵器的文字,分门别类,其中有:长兵器戈、戟、殳、柲、矛、耤、銃、钣、锬、铤等;短兵器刀、斧、斤、戚、镆、钺等;弓矢类弓、弭、弲、弩、弧等；护身兵器盾、廠、铠、甲、釬、铧鍜、兜鍪等；军旗有旌、旟、旐、旂、旗、旆、麾等。

　　从造字法看，"戈"为象形字，宽2寸（1寸≈3.33厘米）、长4寸、柄长8寸，由上古传说中的冶氏锻造。《说文解字·戈部》中记载："戈，平头戟也。从弋，一横之。"段玉裁注："《考工记》：冶氏为戈，广二寸，内倍之，胡三之，援四之。郑曰：戈，今句子戟也。或谓之鸡鸣，或谓之拥颈。"结合"戈"的甲骨文字形可知，平头、长柄、横刃，有利于交战时的横击、近刺、勾杀，在先秦时期的各类战争中发挥了极其重要的作用，是秦时期最基础的武器装备，非常适用于车战。与剑、矛等兵器相比，"戈"在车战中更具有优势，战车上的甲士可以利用"戈"钩住敌方的身体或衣甲，以此进行击杀。戈的出现，在一定程度上标志着作为战争部队的军队已初具专门化水平。在冷兵器时代，衡量各国军事力量强弱的重要标准就是战车。拥有的战车数量多，说明军事力量强大，国力强盛；拥有的战车数量少，说明军事力量弱，国力也弱，在国与国的对外交流中处于弱势。因此才会有"千乘之国"这样的说法，"乘"在这里就是战车的意思。

　　到了秦汉时期，由于冷兵器的进一步发展、铁制兵器的广泛使用、弓弩的改进，步卒可以利用弓弩等武器在不接近战车的情况下，对战车上的有生力量进行击杀，削弱了战车的优势，同时让戈在战争中失去了作用。加上战车笨重、机动性差，不利于复杂多变的战场，逐渐退出了主要战斗力量的位置。战车在战争中的使用，也就没有过去那么频繁了。

　　《说文解字·戈部》所收27个以"戈"做偏旁组成的汉字，

■ 第五章 古老汉字的力量

如"戊、戎、戌、戍、戉、成、战、伐、或、戒、武、威、戚、截、戟、戳"等来看,在戈的基础上,还发展出了许多武器。这些武器在战争中各自发挥作用,帮助古代帝王将相的胜负争夺。

因此,戈不仅作为武器的名称,还引申出战争、战斗之意,有了我们常说的"枕戈待旦""金戈铁马""同室操戈""大动干戈""化干戈为玉帛"等到现在都常用的成语。

战国青铜戈

《说文解字·戈部》中记载:"楚庄王曰:'夫武,定功戢兵,故止戈为武。'"楚庄王所说"止戈为武"是对武做的一个判断。所谓"止戈",就是停止攻伐、停止战争之意。而这里的"武"原本是指具有争斗性质的战争何种行为,所以现在说"动武",就是指发生冲突,双方交上手了。而古人说"武功"也有指战争中起到了巨大的作用,促使战争取得了较大的胜利,是一种功绩。在汉字的演化过程中,"武"渐渐发展为一种身体技能的代名词了。

《说文解字·戈部》中说:"兵也,从戈从十。"在这里,"十"

是"甲"的变体,意思是铠甲。"戎",是兵器的泛称。因此,有"兵戎相见"之说,意思就是双方都拿出兵器来了,指双方交战。"戎"就被用"戎"来借指战争了。《礼记·月令》中有:"天子乃教于田猎,以习五戎。"郑玄注:"五戎为五兵:弓、殳、矛、戈、戟也。"所谓戎马一生、戎装、戎机等均与战争有关。

"弓"为象形字,《说文解字·弓部》中说它"穷也,以近穷远者",能够"以近穷远",实现远程打击的目的——这在冷兵器时代是非常具有突破性的武器。弓箭既可随身防身,又可远程对敌人进行狙击。带"弓"字旁的汉字有很多,它们的含义无不与"弓"相关,比如,"张",用力拉开;"弛",松手把箭放出;"弯",手持弓矢;"弘",箭射出去的声音;"强",射程远的弓;"弩",一种有臂支撑的弓。弓箭对古代战争和狩猎生活都有重大的改变作用,它的发明和制作体现了古代人类的智慧,与它相关的文字的发展是弓对人类社会影响的映射。

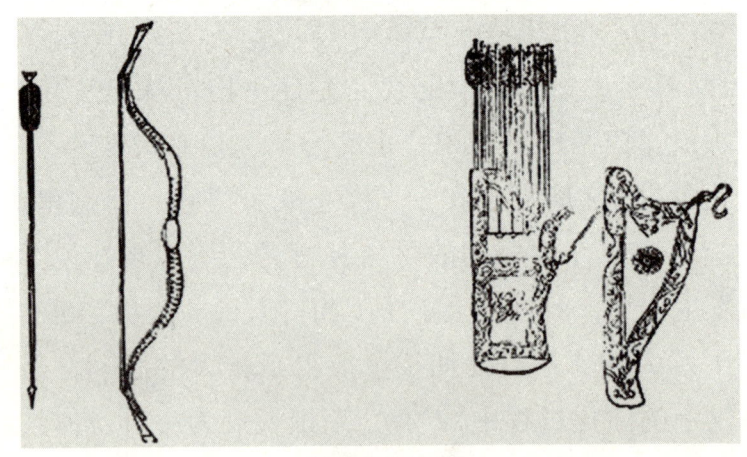

中国古代弓箭

"矢""箭",同物异名,只不过一个是根据外形造的字,另

■第五章 古老汉字的力量

一个是根据制作材料造的字。《说文解字·竹部》中说:"箭,矢也。从竹前声。"《说文解字·矢部》中说:"矢,弓弩矢也。从入,象镝羽之形。古者夷牟初作矢。"《方言》中说:"箭,自关而东谓之矢,江淮之间谓之镞,关西曰箭。"与戈矛等长兵器相比,箭矢更加便于携带,对于战场环境要求低,功能作用大,杀伤力强。通常和弩配合使用,能远距离射杀敌人,是古代非常重要的作战工具之一。

箭 矢

《山海经·海外西经》中有:"乃以乳为目,操干戚以舞。"在这里,"戚"是斧钺的一种,较大、较重,"干"是古代用于防卫的盾。传说中的战神刑天就是手持盾和斧迎战天帝的,为后人所敬仰。盾作为一种防守用的武器,可以保护士兵在战场上避免一些直接的肢体伤害,尤其是眼睛这样的重要器官——战场上,一旦眼睛出了问题,基本就失去战斗力了。可能是与眼睛的这种间

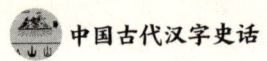

接关系,戚慢慢便有了悲伤、忧愁、亲人等含义。

围绕战争形成的文字还有很多,它们中很多已经在汉字的发展演化过程中出现引申义,应用到非战争场合的现实生活中,壮大了汉字的数量,丰富了汉字的表现力。

第三节　汉字对其他文字的影响

中国,因为发展历史悠久,曾经数千年国力强盛,必然对周边有交往的国家在政治、经济、文化方面都产生过深远的影响,其中比较明显的就是汉字对周边国家的影响。通常使用汉文字,或受到汉文字影响的国家都在汉文化圈的范围内。因为文字的影响或直接使用,是建立在一个比较深层次的交往和交流上的。通常不是文字所属一方实力太过强大,在与文字书写的各个方面的文化都需要从对方那里获取和交流,一般是不会将文字这种文化属性如此强烈的东西借来用的。一种文字一旦进入一个社会,必然导致该种文字所代表的各个方面的文化对这个社会的入侵式的影响和改变。如果不是实力悬殊到让一个国家不再计较两国文化属性的博弈上,很难想象它会选择对方的文字供自己使用。

那么古代中国周边为什么那么多国家愿意这样做呢,这就要从古代周边各国与中国发展的不平衡程度入手分析了。

■ 第五章　古老汉字的力量

1. 汉字对朝鲜国文字的影响

相传，3 000多年前的朝鲜就在西周的周武王时期就有过来往了。公元1世纪以前，也就是2 000多年前，朝鲜人接触到了汉字。在公元5世纪前后，也就是1 500多年前，汉字被直接引入朝鲜，作为朝鲜的文字在贵族阶层中流通使用。到了七八世纪，也就是1 200多年前，汉字在朝鲜社会广泛使用和通行。

朝鲜人在使用汉字的过程中，创造了一套借用汉字音义的方式，即将汉字转写之后，用其读音记录朝鲜语的规则，这种规则叫作"吏读"。

在具体使用过程中，有由音译转写、由意译转写、半意译半音译转写等规则。因此，在这一类转写中，有些吏读词语是难以从汉字字面上的含义了解所书内容的意思的，例如，用"享缆"表示"风"，用"白话"表示"申诉"之类的就无法按照汉字本身的意思进行解读。公元12世纪的北宋，一位出使朝鲜的中国学者孙穆编写过一部工具书《鸡林类事》，专门用于记录这类吏读词语的意思对应的，比如，"足曰泼，手曰逊"，等等。

有一种说法，说吏读是新罗神文王（681—692年在位）时期的鸿儒薛聪所创的。不过，由于薛聪之前有不少吏读碑文出土，根据这些出土的石碑推断，吏读应该产生于高句丽长寿王（413—491年在位）时期。而薛聪只是把历代文献进行归纳整理，使其更加系统化、定型化。吏读文字虽然能够对朝鲜语进行记录，但是由于当时的士大夫有使用汉字的风气，因此吏读文字在朝鲜并没有完全替代汉字。朝鲜这一时期的诗歌、小说也还都是用汉字写成的,并在之后的很长一段时间内仍旧是朝鲜的官方书面文字。

当然,吏读文字记录的是朝鲜的口头语言,表记方法复杂又不准确,也局限了其在朝鲜半岛的推广和使用。公元1446年,李氏王朝的第四代君主世宗颁布了朝鲜半岛最早的表音文字《训民正音》(能够使百姓正确记写朝鲜语音),朝鲜在使用了近千年的中国汉字以后,终于有了自己的民族文字。但这种文字与汉字不同,它是一种拼音文字,只要能念出来,就能书写出来。《训民正音·序》中载:"国之语音,异乎中国,与文字不相流通,故愚民有所欲言,而终不得伸其情者多矣,予为此悯然,新制二十八字,欲使人人易习,便于日用亦。"

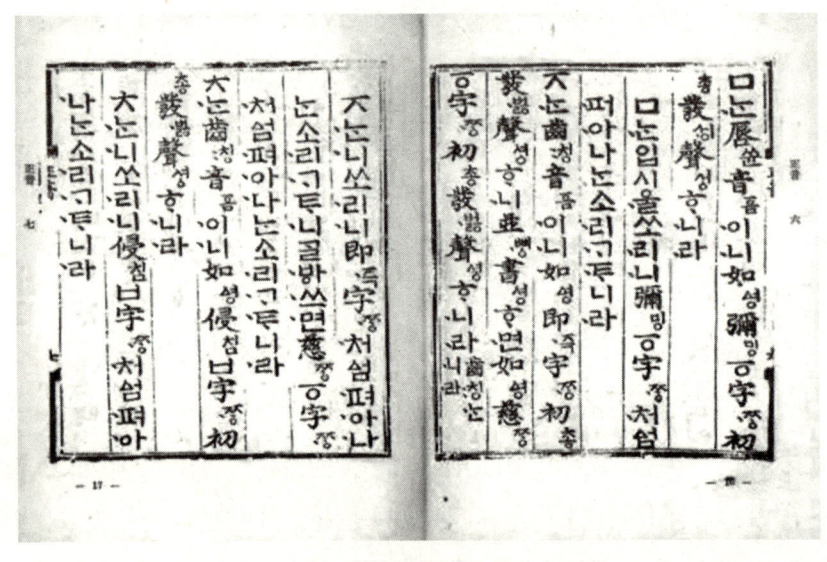

训民正音

不过,因为汉字在朝鲜的影响力非常大,《训民正音》无法彻底推广和发展。并且,在《训民正音》颁布后不久,一些士大夫认为汉字是世界上最高雅的文字，朝鲜民族应该仰慕和追随汉文化，不需要再去创制一种文字，否则就背离了优秀的汉文化，因此，《训民正音》颁布之后，朝鲜在文字的使用上呈现出两种趋势：士大夫等上层社会坚持使用汉字，而广大底层百姓使用朝鲜文字。朝鲜社会的上层阶级非常排斥新造的朝鲜文字，认为它是"谚文"，是像"谚语"一样的民间文字。因此，这种新发明创造出来的拼音文字"谚文"仅限于儿童和妇女使用，上层阶级仍旧使用汉字。

1945 年，朝鲜被分裂为两个国家——朝鲜和韩国，世宗所创的拼音文字在朝鲜被称为"朝鲜文"，在韩国被称为"韩文"。1949 年以后，朝鲜彻底废除汉字，不允许夹用汉字。而韩国政府在 1948 年制定了《韩文专用法》，规定教科书、书籍、报纸、杂志、公文等信息媒介全部改为韩文，汉字从书面上消失。

汉字在朝鲜有近 2 000 年的使用历史，即便现在已经不通行，但还是无法彻底将汉文字带来的影响根除。因此，放弃汉字之后，韩国和朝鲜出现了一个困局，年轻人往往无法阅读含有汉字或者含汉字书写的他们自己的古籍。加上外来词泛滥，不规范的新词不断增加，语言受到污染，甚至导致韩国与中、日两国在经济、贸易、文化等方面的交流都受到一定程度的影响。

在学校教育中，韩国政府于 1968 年 10 月全面实行"韩文专用"，宣布自 1970 年起从所有教科书完全取消汉字，六年初等教育课程中停止汉字教学。不过，韩国文教部又在 1972 年选定汉文教育用基础汉字 1 800 字，规定初中、高中各教 900 个汉字。1975 年，韩国开始改正教科书体系，在教科书上实行"韩汉并用"的方法。1976年8月，文教部决定小学维持现状不进行汉字教育，中学、高中除汉文科目教授汉字外，韩文等科目继续实行"韩文专用"。1999年2月8日，韩国政府决定在公务文件、交通标志等领域恢复使用汉字和汉字标记，打破了韩国近几十年来使用汉字的禁令。

这个时候，韩国可能已经意识到，朝鲜文化是通过吸收、消化中国的文化进程发展起来的，中国文化对其的影响表现在包括汉字的各个方面，而一个社会所使用的文字又与社会生产生活等各方面息息相关。简单粗暴的废除已经长期使用的文字，无异于文化阉割。失去文化的国家和社会群体，社会生产生活的各个方面，包括人文精神部分都会受到严重的影响，于社会发展而言是非常不利的。

2009年初，韩国健在的多位前总理在"全国汉字教育推进总联合会"的推动下，联名向青瓦台提出《敦促在小学正规教育过程中实施汉字教育的建议书》。他们认为："这半个世纪以来，由于'专用韩文'错误的文字政策，今天的我们陷入了比20世纪90年代经济危机还要危急的文化危机中当中。"因此建议，"为了从根本上解决这一问题，在小学过程中，应该让学生分阶段学习汉字，不应将汉字视为外语，而应该作为'国语'正常化，和韩文一起作为'国字'进行教育。"

由韩国这场汉字改革造成的文化危机，让我们充分意识到，一个国家的语言与其文化关系之紧密远远超乎我们的想象。像韩国这样借用汉字的国家，都因为废除汉字几乎断绝了自己的文化，更何况是汉字原始于中国，各个方面都已经与汉字融为一体的我们中华民族呢！我们应该珍惜我们的文化，珍惜我们的文字。

2. 汉字对越南文字的影响

越南，是个多民族国家，全国有 54 个民族，8 000 多万人口，划为南亚、南岛、汉藏 3 个语系，分为越芒、高棉、泰—岱、卡代、赫蒙—瑶、马来—南岛、藏缅和汉等 8 个语族。越族，也叫京族，占全国总人口的 86.2%，是越南的主体民族，其余 53 个为少数民族。越南的 54 个民族都有自己的语言和文化，其中，泰族、赫蒙族、岱依族、华族等 24 个民族有自己的文字。

在社会融合发展的过程中，越南语的形成和发展与其他语言一样，也经历了复杂的过程。现在越南使用的官方语言是越南语，使用人数占全国总人口的 90% 以上。

在教育系统中，越南语和越南文字是越南传授知识、编辑教材的主要工具。在一些有民族文字的少数民族地区的小学课程中，越南语和本民族的语言文字同时使用。中央和地方的广播、电视在向少数民族聚居地区播送节目时，使用的也是当地的民族语言。

作为与中国接壤的国家，发展历史悠久的汉文化对越南同样产生了深远的影响。越南与中国的接触，可以上溯到公元前 214 年秦始皇平岭南分置南海、桂林和象三郡这个时期。《南越列传》中还有记载："秦时已并天下，略定杨越，置桂林、南海、象郡，以谪徙民，与越杂处十三岁。"

秦始皇统一中国之后，开始通过移民的方式扩展边境的开发,传播中原文化。在这个过程中,汉字开始对越族产生影响。公元前112年,汉武帝平定南越,分置九郡,其中的交趾、九真、日南三郡大概相当于现在的越南北部和中北部地区。从此之后,汉文化和汉语汉字在越南的传播进入了一个新的阶段。从两汉到三国,先后有锡光、任延、士燮等对交趾、九真等地进行治理,并大力传播汉文化。士燮在任期间,"教取中夏经传,翻译音义,教本国人",士燮因而被越南人民尊为"士王"和"南交学祖"。《南蛮西南夷列传》中也有记载:

光武中兴,锡光为交阯,任延守九真,于是教其耕稼,制为冠履,初设媒娉,始知姻娶,建立学校,导之礼义。

学校的建立,对汉字和中原文化在越南地区的传播起到了巨大的推动作用。

从秦代到宋初,越南一直被视为中国的郡县,中国将这个历史阶段称为"千年郡县时期",越南则视其为"千年北属时期"。在这一历史时期,越南人全盘接受包括汉字在内的中华文化和典章制度,从物质层面,乃至制度层面、社会文化心理方面都受到中华文化的深刻影响。汉字就成为越族的第一种书写文字,并在相当长一段时间内是越南官方的通用文字。

公元968年,丁部领创建丁朝,越南从此摆脱中国的统治,进入独立自主的封建国家时期,不过,中、越之间仍然保持宗藩关系。独立之后的越南封建王朝,汉语和越南语并用,汉字虽然作为越南的通用文字,但并完全不能满足越南自己的语言表达需

■ 第五章 古老汉字的力量

要，于是就出现了一种沟通汉语和越南语的中间文字——字喃。

字　喃

关于字喃产生的时代，史学家的意见并不相同。有认为其产生于周代以前的，有认为其产生于东汉初年的锡光、任延时期的，有认为其产生于东汉末年的士燮时期的，有认为其产生于公元8世纪的唐朝的，还有认为其产生于公元13世纪的宋朝的。

吴凤斌认为，字喃很可能是受到汉字传入的影响产生的，而字喃的正式产生应该是在越南独立之后，特别是13世纪以后才发展起来的。字喃脱胎于汉字，也是一种方块字，它利用汉字六书中的假借、会意和形声三种造字方法进行造字。

字喃刚开始的时候仅用于记人名和地名，之后才逐渐用它来书写文章。但字喃的书写比汉字复杂，表音困难，因而字喃没办法彻底取代汉字。在很长的历史时期里，越南对汉字极为尊崇，上层社会把汉语汉字视为高贵的语言文字，称其为"儒字""圣贤之字"，从朝廷文书、科举考试到文化普及都需要使用汉字，这一时期越南的文学作品也都是用汉字进行记录和保留的。

到了 19 世纪中叶，法国入侵越南，汉语、汉字在越南的地位受到重创。越南的国语字是 18 世纪外国传教士到越南传教时，用罗马字母创造出来、方便传教的文字。法国征服越南以后，认为这种文字和法语字比较接近，便开始大力推广国语字。1865 年，法国在越南创建了第一种国语字报纸《嘉定报》。1918 年，越南最后一次中国式科举考试之后，汉字被完全废弃。

越南一些有影响力的专家学者，曾联名向越南教育部建议恢复汉语教学，使越南人中学毕业时，能达到熟练掌握汉语的程度。看来，作为深受中国文化影响的邻国，是没有办法从根本上摆脱中国文化的影响的。毕竟，不管是国家内容的文化交流与融合，还是国家与国家的文化交流与融合，从接触那一天开始，文化的相互侵染就已经存在，如果强行分离无异于断臂求生，甚至会祸及根本，消融了自己国家的文化。

3. 汉字对日本文字的影响

日本很早就有自己的口头语言，但遗址中没有自己的文字，日本自己的文字是在汉字传入之后才逐渐产生的。而汉字传入日本的途径，学界普遍认为，最初的汉字是从秦汉开始，由中国大陆经北方的朝鲜半岛传入日本的。日本的史书《古事记》《日本书纪》都记载，汉字是在公元 3 世纪左右传入日本的，当时朝鲜半岛上的百济国王派遣阿直岐和王仁刚好到日本教日本的皇子学

■第五章 古老汉字的力量

习汉语——这是最早有关日本人系统地学习汉语的记录。

不过，根据日本考古学家的研究，汉字应该在中国的战国末期就已经进入日本了。日本大规模使用汉字是在唐朝，从隋唐开始，日本派出大量的遣唐使（相当于现在的留学生）来中国学习。日本朝廷选出的遣唐使都是有才华且了解中国的人，他们在中国学习语言、文学、文化、礼仪、科技等，有的遣唐使还在中国的朝廷做官。

这些遣唐使回国的时候，带去了大量用汉字写的书籍和经卷，同时，唐王朝派出了许多使者去日本，传播中华文化。在双方的交往过程中，那些传道日本、用汉字书写的书籍对汉字在日本的传播发挥了重大的作用，使更多的日本人接触到汉字，并促使汉字在日本民间的广泛流传。

随着日本熟练掌握汉字的人不断增加，日本开始利用汉字的音读或训读来记录日语，使汉字脱离了汉字的本义，仅作为表音文字来使用。由于奈良时代的和歌集《万叶集》在这类假名文字的使用上最具代表性，后世就将其命名为"万叶假名"。"假名"，是对"真名"而言的，"真名"指的就是含有原本字义的汉字而言的，"假名"就是指假借汉字做日语音符的文字而言的，这就相当于把万叶假名看作假汉字了。遣唐使对日本文字的形成和发展做出了重大的贡献，其中具有代表性的就是吉备真备和阿倍仲麻吕。

万叶假名曾在日本被广泛使用，但因为过于复杂，在使用的过程中被逐渐简化，并形成一套标注日本语音的注音符号——片假名和平假名。

片假名的字源

ア	阿	イ	伊	ウ	宇	エ	江	オ	於
カ	加	キ	幾	ク	久	ケ	介	コ	己
サ	散	シ	之	ス	須	セ	世	ソ	曾
タ	多	チ	千	ツ	州	テ	天	ト	止
ナ	奈	ニ	二	ヌ	奴	ネ	祢	ノ	乃
ハ	八	ヒ	比	フ	不	ヘ	部	ホ	保
マ	末	ミ	三	ム	牟	メ	女	モ	毛

片假名起源于平安时代，那时的僧侣在听佛典的讲解时要在经文行间加上读法或注释，用复杂的万叶假名书写极不方便，为求迅捷简便，就总结出取汉字的一部分偏旁作为文字符号对经文进行注释或做栏外释义，形成了片假名这种文字形式。

平假名是万叶假名在频繁使用过程中本土化之后的产物，在使用过程中还逐渐发展出相应的行书体和草书体，特别是宫廷中女子在写作和歌、随笔、情书的时候，都喜欢用线条柔和的草体

平假名的字源

あ	安	い	以	う	宇	え	衣	お	於
か	加	き	幾	く	久	け	計	こ	己
さ	左	し	之	す	寸	せ	世	そ	曽
た	太	ち	知	つ	川	て	天	と	止
な	奈	に	仁	ぬ	奴	ね	祢	の	乃
は	波	ひ	比	ふ	不	へ	部	ほ	保
ま	末	み	美	む	武	め	女	も	毛
や	也	ゆ	由	よ	与	ら	良	り	利
る	留	れ	禮	ろ	呂	わ	和	を	遠

进行书写，这样就形成了一种秀逸潇洒的平假名。平假名与片假名的形成标志着日本文字的正式成立。

明治维新之后，汉字的使用达到了历史最高峰：新的明治政府发布的法令中，汉字的使用率极高；在政治、军事、自然科学等领域，用汉字造的日语的词汇量都出现了史无前例的剧增；在日常会话中也开始流行使用汉字词汇。在这一时期，日本引进西学的同时，开始反思本国文字的不足，认为有必要根据对文字进行改革——主要是废除汉字或削减难学、难记的汉字，以适应社会的发展需求，并主张在弃用汉字之后，采用假名派、罗马派和新字派。

当然，这次废除汉字的主张遭到当时许多著名学者的反对，他们认为汉字在日本有1 000多年的历史，与日本文化密切相连，废除汉字会切断日本历史文化的发展。这些学者认为，对于日本人来说，保留部分汉字比完全废除汉字更易于接受，主张减少汉字使用，将汉字使用个数限制在2 000~3 000之内。这一主张成了日本后期在文字改革中的基本路线。

从1945年到现在，日本对汉字进行了大大小小十几次改革，其中在日本的社会生活产生重大影响的有3次。1946年，日本政府公布了《当用汉字表》，收录了1 850个汉字，包括了许多将原来的《康熙字典》字体简化后的字形，这些汉字自此之后便成了日本简化字的基准。但是到了20世纪60年代以后，日本开始反省限制汉字使用对社会的影响，日本政府于1981年正式公布了《常用汉字表》，增加了95个汉字，共收录了1 945个汉字的字形、音训和语例，并在前言中说："收录了在法令、公文、报纸、杂志、广播等一般社会生活中使用的高效率、高通用性汉字，以

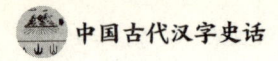

作书写通俗易懂文章时用字的基准。"

《当用汉字表》着重限定汉字的使用,而《常用汉字表》却提出了非常宽松的标准。《常用汉字表》是日本政府顺应民意对汉字使用范围的进一步松绑,并从 1981 年以来,《常用汉字表》一直是日本人汉字使用的标准。

2010 年 11 月 30 日,日本政府又公布了《新常用汉字表》,增加了 196 个常用汉字,同时删除了原表中的 5 个字,共收录 2 136 个字。这说明在信息化迅猛发展的今天,汉字在日语文字中仍具有强大生命力,这和日本长期使用汉字,汉字融入日本社会生活的程度是分不开的。

4. 汉字对少数民族文字的影响

契丹　契丹是我国古代北方的游牧民族。唐代末年,契丹首领耶律阿保机统一各个部落,建立了持续到北宋王朝的契丹王朝——辽。契丹王朝建立后,就参照汉字,先后创制了两种不同类型的文字:契丹大字和契丹小字。他们利用这两种文字,撰写并翻译过很多著作,可惜这些书籍都已经失传了。

女真　契丹之后,与契丹接壤的女真(金)兴起,在契丹字的直接影响和汉字的间接影响下创造女真文字。

党项族　北宋初年,我国西北甘肃一带崛起了一个以党项族为主体建立的封建王朝——西夏,延续了将近 200 年。西夏也仿照汉字,创制了约 6 000 个西夏文字。西夏文字的形体轮廓基本上也是方块形,由点、横、竖、撇、捺等汉字基本笔画组成,甚至还有楷书、行书、草书、篆书等与汉字相似的字体区别。西夏文的构字方法，与汉字"六书"有许多相似之处。还有人编纂了西夏文字典《文海》《音同》《番汉合时掌中珠》等，成为今天研究西夏文字的重要资料。

蒙古族 建立元朝的蒙古人，在没有创制自己的文字之前，采用汉字的同音字加上一些特殊的标记来记录自己的语言，之后才逐渐有了自己的文字——八思巴字。他们有一部12卷的著作《蒙古秘史》就是用这种方法写出来的。

彝族 彝族很早就创造了文字，彝族人认为他们的文字也是仓颉发明的。彝文也是一种"自源文字"，单个彝文的形体也是由笔画构成的，同样具有部首以及象形、指事、会意等构字方式，和汉字"异源同型"，关系密切。

壮族 壮族人民在没有采用以拉丁字母为基础的拼音文字以前，长期使用一种叫作"方块壮字"的文字。这种"方块壮字"是仿照汉字造出来的，多数是形声字。例如，"她"字从"女"，表示这字是"女人"的意思；"汰"字从"水"，是"河"的意思；等等。

苗族 苗族分布在贵州、湖南、云南、广西、四川、海南等地。历史上曾使用过汉字式的苗语文字，有学者称之为"方块苗文"，多用汉字的形声、会意等造字方法进行造字。这种文字至今还保留有3种标本：板塘苗字、老寨苗字、古文苗字。

白族 古代称为"僰人"，曾建立南诏国和大理国，明代后也称"民家"，主要居住在云南大理一带。公元8世纪的南诏时代起，白族民间就自造汉字式文字——白字。白字的形体较易辨识，唐、宋、元、明各代的白字刻碑至今还有留存。

水族 分布在我国贵州省某些地区，在1949年以前采用的文字也借鉴了汉字，有类似汉字倒写、反写的形式，近似甲骨文，被称为"水书"或"反书"。

瑶族 多数分布在广西，少数分布在广东、湖南、贵州、云南等地，与汉族、壮族、苗族等共居。从唐代初期的贞观年间（627—649年）起，民间就流传着一种汉字式的瑶语文字，形体与壮字类似，用来记录本民族的传说和歌谣。后来，这种文字因为瑶族居住的分散就逐渐消亡了。

女 书

女书只是流行于妇女之中，流行地域在湖南省江永县的上江圩镇。女书描述妇女的生活，表达妇女的感情世界，形体仿照汉字，是汉字的变异，与瑶语文字也有一定的联系。女书是世界文字百花园中的一朵奇葩，自发现以来就引起了文字学界、社会学界的广泛注意，但是现在也已经濒临消亡了。

参考文献

［1］王铁钧.汉字的故事［M］.北京：联合出版有限公司，2019.

［2］王宁.汉字与中华文化十讲［M］.上海：生活·读书·新知三联书店，2018.

［3］孙绪武.汉字中国·汉字与姓名［M］.广州：暨南大学出版社，2015.

［4］蒋晓薇.汉字中国·汉字与贸易［M］.广州：暨南大学出版社，2015.

［5］卞仁海.汉字中国·汉字与避讳［M］.广州：暨南大学出版社，2015.

［6］王凤阳.汉字学（上下册）［M］.北京：中华书局，2018.

［7］龙子仲.汉字的故事［M］.上海：上海文化出版社，2019.

［8］彭金祥.汉字与中国传统文化［M］.成都：电子科技大学出版社，2017.

［9］段石羽.汉字中的中国古代哲学思想［M］.乌鲁木齐：新疆人民出版社，2006.

［10］谢光辉.汉语字源字典（图解本）［M］.北京：北京大学出版社，2000.

图片授权

中华图片库
林静文化摄影部

敬　启

本书图片的编选，参阅了一些网站和公共图库。由于联系上的困难，我们与部分入选图片的作者未能取得联系，谨致深深的歉意。敬请图片原作者见到本书后，及时与我们联系，以便我们按国家有关规定支付稿酬并赠送样书。

联系邮箱：932389463@qq.com

中国传统民俗文化丛书

一、古代人物系列（13本）

1. 中国古代乞丐
2. 中国古代道士
3. 中国古代名帝
4. 中国古代名将
5. 中国古代名相
6. 中国古代文人
7. 中国古代高僧
8. 中国古代太监
9. 中国古代侠士
10. 中国古代幕僚
11. 中国古代皇后
12. 中国古代士人
13. 中国古代华侨

二、古代民俗系列（11本）

1. 中国古代民俗
2. 中国古代玩具
3. 中国古代服饰
4. 中国古代丧葬
5. 中国古代节日
6. 中国古代面具
7. 中国古代祭祀
8. 中国古代剪纸
9. 中国古代鞋帽
10. 中国古代生肖文化
11. 中国古代门窗

三、古代收藏系列（17本）

1. 中国古代金银器
2. 中国古代漆器
3. 中国古代藏书
4. 中国古代石雕
5. 中国古代雕刻
6. 中国古代书法
7. 中国古代木雕
8. 中国古代玉器
9. 中国古代青铜器
10. 中国古代瓷器
11. 中国古代钱币
12. 中国古代酒具
13. 中国古代家具
14. 中国古代陶器
15. 中国古代年画
16. 中国古代砖雕
17. 中国古代床文化

四、古代建筑系列（13本）

1. 中国古代建筑
2. 中国古代城墙
3. 中国古代陵墓
4. 中国古代砖瓦
5. 中国古代桥梁
6. 中国古塔
7. 中国古镇
8. 中国古代楼阁
9. 中国古都
10. 中国古代长城
11. 中国古代宫殿
12. 中国古代寺庙
13. 中国古代寺庙与道观建筑

五、古代科学技术系列（16本）

1. 中国古代科技
2. 中国古代农业
3. 中国古代水利
4. 中国古代医学
5. 中国古代版画
6. 中国古代养殖
7. 中国古代船舶

8. 中国古代兵器

9. 中国古代纺织与印染

10. 中国古代农具

11. 中国古代园艺

12. 中国古代天文历法

13. 中国古代印刷

14. 中国古代地理

15. 中国古代地方志

16. 中国古代天文历法与二十四节气

11. 中国古代军队

12. 中国古代法律

13. 中国古代战争

14. 中国古代衙门

15. 中国古代外交

16. 中国古代盐文化

17. 中国古代河流

18. 中国古代车马

六、古代政治经济制度系列（18本）

1. 中国古代经济

2. 中国古代科举

3. 中国古代邮驿

4. 中国古代赋税

5. 中国古代关隘

6. 中国古代交通

7. 中国古代商号

8. 中国古代官制

9. 中国古代航海

10. 中国古代贸易

七、古代文化系列（28本）

1. 中国古代婚姻

2. 中国古代武术

3. 中国古代城市

4. 中国古代教育

5. 中国古代家训

6. 中国古代书院

7. 中国古代典籍

8. 中国古代石窟

9. 中国古代战场

10. 中国古代礼仪

11. 中国古村落

12. 中国古代体育

13. 中国古代姓氏

14. 中国古代文房四宝

15. 中国古代饮食

16. 中国古代娱乐

17. 中国古代兵书

18. 中国古代哲学

19. 中国古代宗祠

20. 中国古代奇案

21. 中国古代旅游

22. 中国古代家风

23. 中国古代地名

24. 中国古代家谱与年谱

25. 中国古代名字与别号

26. 中国古代墓志铭

27. 中国古代民居

28. 中国古代汉字史话

八、古代艺术系列（12本）

1. 中国古代艺术

2. 中国古代戏曲

3. 中国古代绘画

4. 中国古代音乐

5. 中国古代文学

6. 中国古代乐器

7. 中国古代刺绣

8. 中国古代碑刻

9. 中国古代舞蹈

10. 中国古代篆刻

11. 中国古代杂技

12. 中国古代民间工艺